人間になるということ

キルケゴールから現代へ

TAKAYA SUTO
須藤孝也

以文社

前書き

人間は「人間になる」のでなければならぬ。これが西洋の人文学を貫く主題であった。

確かに人間は人間として生まれる。だがその人間として生まれた人間は人間になろうとする生き物である。こう言われても、もうすでに人間なのだからそこからさらに人間になろうとするのはおかしいのではないかと、もしかしたら現代人の耳にはナンセンスに聞こえるかもしれない。それほどまでに現代人は「人間になる」という課題を忘れてしまっているのかもしれない。

本書は、キルケゴールを読みながら、この「人間が人間になる」という主題について改めて考え直してみようとするものである。キルケゴールはこの人文学の伝統を引き受けながら、自身は「キリスト者になる」という課題に取り組んだ。すでにキリスト教徒である当時のデンマーク人に対して「キリスト者になる」という課題があることを突きつけたのである。彼自身もまたこの課題と格闘し、できる限り高い次元で達成しようと努めた。

その他にもキルケゴールは「自己自身になる」という課題についても語る。すでに人間は自己自身であるのだが、その上でなお自己自身になるのでなければならない。これもまた人間が人間になるという問題系のなかで立ち上がる一つの課題である。

AがAになるというのは、Aが自身の本質を理解し、その本質の実現に努めるということである。あるいはその本質が要請する課題を達成しようと努めることである。では人間の本質とは何であるか。人間である以上、人間が果たさなければならない課題とは何であるか。当然様々な理解がありうる。それは実際、勇敢になることかもしれないし、苦しさに耐えられるようになることかもしれない。その他、世間の役に立てる人間になること、自活できるようになること、すべてを受け容れられる人間になることなど、様々な仕方で考えることができる。だが形而上学的に相対主義を採用する傾向が強い現代人は、そうした様々な試みの根底に「人間になる」という主題を見いだすことができなくなってしまったようだ。そうして人間になるという課題を解消してしまったようだ。生きている私たちに課題などない、私たちはただありのままに存在すればいいのだ、何の迷いもなくそう考える人もいるかもしれない。

西洋においては、伝統的に、人間の本質は理性に見いだされた。それは何が善であり何が悪なのかを知る力、善をなそうとする力、真偽を見分ける力、愛すべきものを愛する力などであり、人間は理性をより十全な形で働かせられるようになるべきだと考えられた。そしてまた理性にこそ、自然や動物に対する人間の卓越性があるとされ、人間の尊厳もこれによって根拠づけられた。

中世にいたるまでは、人間の理性や尊厳は神に由来すると考えられた。そのため神を信仰しうるところに人間の卓越性が見いだされた。その後、一八世紀には「啓蒙」という思潮が現れてきた。

啓蒙は、人間のもつ能力を肯定的に評価した。人間は自らの力によって幸福に生きなければならぬ。確かに洗練し、高めていかなければならないとはいえ、しかしその力を人間は備えている。啓蒙はそう考えた。

だが啓蒙思想が人々のうちに浸透し、空気のように当然なものとなると、人間にとって自己肯定の意味が変わってしまうということもある部分では起きた。当初啓蒙は決して、一概に神を否定したわけではなかったし、人間が人間になるという課題を投げ捨てたのでもなかったのだが、ある人々は、徐々に神なしに「ありのままの自分」を肯定するようになった。そうなると「人間になる」という課題は不要となる。前世紀の後半には、「現代哲学者」たちが、近代が人間を静的に捉え、人間とは○○「である」と語ったことについて、様々な例外を見いだし、そうした人間論が破綻していると指摘した。いわゆる「人間の終焉」である。以後、少なからずの哲学者たちが人間について語ることをやめてしまった。

もちろん日本の文脈はこれと同じものではない。この国の文化はキリスト教をバックグラウンドにもつわけではないし、啓蒙の時代を生きた過去をもつわけでもない。右のような西洋思想がこの国の人々に少しずつ受容されるようになったのは、戦後の大学教育によってである。その後、七〇年あまり経て現在にいたる。本書がフォーカスする「人間になる」という課題は、現代の私たちにとって、どのような意味があるのだろうか。

西洋とは異なる歴史を歩んできた日本とはいえ、人間になるという課題が私たちに無縁のものとは私には思われない。私たちも時に「人間とは何か」と考えるのではないか。具体的にどう生きるのかは各人の自由であろうが、しかしその自由のなかで私たちはやはり自己を見つめ、進むべき道を定めようとする。私たちが「人間とは何か」と考えうることがすでに、私たちにとって「人間になる」ということが問題となっていることを示しているのである。

私たちは時にある人を見て、あるいは自分を省み、「ロボットのようだ」とか「ゾンビのようだ」とか「獣のようだ」と感じる。それは私たちが本来あるべき仕方で生きていないとき、「人間的」に生きていないとき、「非人間的」に生きているときである。[*1]

人間とは何ぞやという本質を確定する議論についての答えはおいておくとしても、やはり私たちはあるときに「人間らしく」生きていると感じるし、またあるときはそこから離れていると感じる。同様に、「人間として」扱われることを欲し、また他者を「人間として」捉え、しかるべき仕方で接しようとしてもいる。私もまた、一連の人文学者たちとともに、そしてまたキルケゴールとともに、「人間になる」という主題を忽《ゆるが》せにしてはならないものと考えている。

だが昨今は、先に述べたように、ある人々は「ありのままに」他者を肯定しようとしている。「人間になる」という課題を忘れてしまった人々だ。そういう人間は、相手がどんな「意見」(思いなし、opinion が意味するところの臆見)をもつのであれ、それを肯定する。否定しない。そうするのが「正しい」と思っている。自分がもっているものも同様の思いなしとしての意見なのであろう。意見と意見を戦わせても水掛け論になることが目に見えているから、わざわざ他人の意見にコメントしない。

彼（女）らは意見の違いを超えていこうとはしない。超えていくというイメージをそもそもっていない。相手の意見は否定してはいけないもの、肯定するもの、と最初の時点で確定しているから、相手の意見を聞くと言っても、その正誤を吟味しながらしっかり聞いているわけではない。自分が何かを言う場合も同じである。しっかり伝えれば相手の同意を得られると思って伝えようとすることはない（私的な利害が絡む場合は別として）。思いなしや臆見、意見しかもたず、考え（これは根拠と推論と結論から成る）をもたない人間は、相手の言うことを考えとして受け止めることができないから、考えと考えを突き合わせることが、つまり議論することができない。彼（女）らがしているありのままの肯定は、その実、思考停止を意味するのである。

根拠をもって推論し結論を「出す」。これが思考するということだ。しばしば「自分の頭で考える」と言われるが、これはこの思考の能動性を含意する表現であろう。逆に、考えない人間、思うだけの人間は世界に対して受動的である。根拠と推論が曖昧で、結論を「出す」ことをせず、思うだけの場合、実は、思うという行為は能動になされるのではない。正確に言うならば、彼（女）は何かを能動的に思っているのではなく、受動的にそれを思わされているのだから。

世界に対して受動的な人間は、退屈な時間を埋めるために、世界に刺激を求める。美味しいもの、気持ちのいいものなど五感を刺激するものもそうだが、それ以外にも、面白いもの、感動させるものといった（思考ではなく）「心」を刺激してくれるものをも求める。

現代では感動は、自然でも芸術家でもなく、企業や政府によってしばしば作りだされ、私たちのもとへ送り届けられる。企業が作家に作らせた感動を私たちは受け取り、政府もまたイベントのみならず、メディアを用いてその楽しみ方まで与えてくれる。旅行であれ、大ヒットアニメであれ、オリンピックであれ、まさに枚挙に暇がない。そうすることによって与え手はもっと多くのものを得ることができるからである。

さらに問題は続く。というのも、このありのままに人間を肯定する態度は、ありのままの社会を肯定すること、つまり現状肯定へとスライドするからである。

この国の政治が停滞している理由はそこにあるように私には思われる。社会がどんな状態にあるのであれ、ありのままに肯定する人間はそれを問題化しない。改善を模索しない。彼（女）たちは、どのような状況のなかでも、それを受け止めて生きるだけである。

だが実際は、政治は停滞し続けることすらできない。国民のそうした消極的な肯定をもとに、選ばれる代表者たちは「自由に」政治をすることができる。国民のチェック機能が働かない場合、民主主義は容易に堕落する。現状が続くどころか、状況はますます悪くなっていく。現在の政治がほとんど機能していないと言える理由は、様々な事実に基づいて論じることができようが、ただ一つ、少子化の現実を見るだけでも、それは明らかであろう。時間であれ経済であれ心持ちであれ、私たちは様々な意味でますます余裕を失いつつある。人間らしく生きることも含め、様々な豊かさを失いつつある。

とはいえ、私たちの生活をよりよいものとするためには、政治やメディアのせいにしてばかりいても何も改善しない。一部の人間が現状を問題化しえたとしても、この国ではなお現状を肯定的に捉える人間が少なくないからである。多くの人々は現状を改善しようとしない。だがここで諦めるわけにはいかないし、諦める必要もない。どうすればよいか。

社会や政治についてよりよく知るのも必要なことである。だがシステムを根本から変更するには、それだけでは足りない。それについて知っても、それを肯定する方に流れる危険があるからである。現状が変わるためには、人間が変わるのでなければならない。私たちが変わるのでなければならない。人間らしく生きたいと望むことによって、現状の問題点を捉え、それを改善しようとする人間になるのでなければならない。そしてそれは人文学を学ぶことで可能なのである。

キルケゴールを参考にしながら、人間になるということはどういうことなのかを考えるのが本書の目的である。したがって本書は、これまでに様々に出版されてきたようなキルケゴール思想の学術研究書とは異なる。本書で私が示したいのは私のキルケゴール研究の最新の成果ではないし、読者として研究者を想定しているのでもない。本書が想定している読者は一般の人々である。それからまた、本書はキルケゴール思想の一般向けの解説書でもない。本書の前半に限って言えば、キルケゴールが考えたことの一部を私が要約して示すことはあるが、しかし本書の目的はキルケゴールが考えたことを再現することではなく、むしろ、それをそれを現代の状況のなかで活用する一つの方法を示すことである。そのため、私は本書で様々なレベルで語ることになる。

第一のレベルでは、私は語らず、キルケゴールが語る（私がその語りに同意していないこともある）。第二のレベルでは、私がキルケゴールを解釈しつつ語る（ここでも私はキルケゴールの言うことに同意していないこともある）。第三のレベルでは、キルケゴールを踏まえた上で私が語る（キルケゴールが同意しないだろう思想を示すこともある）。一貫してキルケゴールが語るわけではないし、一貫して私が語るわけでもないため、その点は注意して読んでいただきたい。

ちなみに人間が人間になるということのサブテーマとして私が考えているのは、人間の人格と尊厳を認めることとの重要性である。人間になるということを、人格を備えた人間になるということ、あるいは他者に対しても人格と尊厳を備えた存在としてしかるべき関わり方ができるようになることとして具体的に考えていく。そうした事柄についてキルケゴールが考えていたところを辿り、また現代の状況に置き直して考えてみたい。現在のこの国が抱える様々な問題は、煎じ詰めれば、人間になるということ、すなわち人格と尊厳に対する無理解に収斂するように思われてならないからである。

人間になるということ　目次

■キルケゴールからの引用

キルケゴールのテクストからの引用については、すでに出版されているものを参考にしながらも、原文を参照し筆者が訳し直した。翻訳に誤りがあった場合、すべての責任は筆者にある。引用箇所は、『キェルケゴール著作全集』に収められているものについては、アラビア数字で巻数と頁数を示した。『キルケゴールの講話・遺稿集』に収められているものについては、ローマ数字で巻数を、アラビア数字で頁数を示した。その他日記については整理記号と番号を示した。

『キェルケゴール著作全集』、創言社、1988-2011 年.『キルケゴールの講話・遺稿集』、新地書房、1979 − 1983 年. *Kierkegaard's Journals and Notebooks*, edited and translated by Niels Jørgen Cappelørn et al., (Princeton, NJ: Princeton University Press, 2007-2020), 11 volumes.

各全集の内容は以下である。

C :『キェルケゴール著作全集』の巻数と内容

巻　数	内　容
1	『これか一あれか（1）』
2	『これか一あれか（2）』
3	7-238 頁『畏れとおののき』、243-443 頁『受取り直し』、447-739 頁『不安の概念』
4	『人生行路の諸段階 (1)』
5	『人生行路の諸段階 (2)』
6	7-244 頁『哲学的断片或いは一断片の哲学』、255-628 頁『哲学的断片への結びの学問外れな後書 (1)』
7	哲学的断片への結びの学問外れな後書 (2)
8	5-115 頁『序言』、125-255 頁『仮想された機会での三つの談話』、263-445 頁『文学批評』、457-501 頁『或る女優の生涯における危機と或る危機』
9	『種々の精神での建徳的談話』
10	『愛の業』
11	『キリスト教談話』
12	5-79 頁『野の百合と空の鳥』、91-187 頁『二つの倫理的−宗教的小＝論文』、209-407 頁『死に至る病』419-473 頁『「大祭司」−「取税人」−「罪の女」』
13	7-399 頁『キリスト教への修練』、427-453 頁『一つの建徳的談話』
14	5-124 頁『自省のために、現代にすすむ』、131-319 頁『汝ら自ら審け！』、329-500 頁『我が著作家＝活動に対する視点』、513-546 頁『我が著作家＝活動について』、555-596 頁『金曜日の聖餐式における二つの談話』
15	9-339 頁『瞬間』、349-366 頁『これは言われねばならない、それだから今それを言うことにする』、375-392 頁『官公キリスト教についてキリストの裁き給うこと』、399-426 頁『神の不変性』

・『キルケゴールの講話・遺稿集』の巻数と内容

巻　数	内　容
Ⅰ	1-79 頁『二つの建徳的講話 1843 年』、81-166 頁『三つの建徳的講話 1843 年』、167-293 頁『四つの建徳的講話 1843 年』、295-325 頁『牧師資格取得説教』
Ⅱ	1-76 頁『二つの建徳的講話 1844 年』、77-165 頁『三つの建徳的講話 1844 年』、167-356 頁『四つの建徳的講話 1844 年』
Ⅲ	『さまざまの精神における建徳的講話 (1)(2)』
Ⅳ	1-252 頁『さまざまの精神における建徳的講話 (3)』、253-409 頁『想定された機会における三つの講話』
Ⅴ	1-45 頁『単独者』、47-317 頁『キリスト教的講話 (1)(2)』
Ⅵ	3-234 頁『キリスト教的講話 (3)(4)』、235-310 頁『野の百合と空の鳥』
Ⅶ	1-92 頁『二つの倫理的・宗教的小論』、93-152 頁『大祭司・取税人・罪ある女』、153-178 頁『一つの建徳的講話』、179-217 頁『金曜日の聖餐式における二つの講話』、219-230 頁『これは言わねばならぬ、だからここで言わせてもらう』、231-249 頁『公認のキリスト教をキリストはいかに判断するか』、251-278 頁『神の不変性』
Ⅷ	1-100 頁『いまなお生ける者の手記より』、101-180 頁『ヨハンネス・クリマクス、またはすべてのものが疑われねばならぬ』、181-273 頁『倫理的伝達の、また倫理 - 宗教的伝達の弁証法』、275-306 頁『武装せる中立』
Ⅸ	アドラーの書

・*Kierkegaard's Journals and Notebooks* の巻数と内容

巻　数	内　容
1	Journals AA-DD
2	Journals EE-KK
3	Notebooks 1-15
4	Journals NB-NB5
5	Journals NB6-NB10
6	Journals NB11-NB14
7	Journals NB15-NB20
8	Journals NB21-NB25
9	Journals NB26-NB30
10	Journals NB31-NB36
11a	Loose Papers 1830-1843
11b	Loose papers 1843-1855

人間になるということ――キルケゴールから現代へ

第一章　単独者と超越

キルケゴールの生涯

キルケゴールの思想内容を見る前に、まず、彼の生涯についてごく簡単にまとめておこう。

セーレン・キルケゴール（一八一三―一八五五）は、毛織物の貿易商であった父親ミカエルと母親アンネの間に、七人兄姉の末子としてコペンハーゲンに生まれた。セーレンが生まれたとき、ミカエルはすでに五六歳、アンネは四五歳であった。両親ともに敬虔主義が浸透したユラン半島の出身であり、セーレンの信仰にも敬虔主義の特徴が垣間見える。ミカエルは、貧しかった少年時代に神を呪ったことがあり、そのことを生涯悔い続けた。また、それまで家政婦だったアンネと再婚するに際しては、結婚に先立って彼女を妊娠させており、そのことについてもずっと後悔していた。

ミカエルはコペンハーゲンに出た後、経済的には大きな成功を得たが、家庭内には不幸が相次ぎ、キルケゴール家の人々の多くが、三四歳になる前にこの世を去った。家の者たちはみなこれをイエス・キリストの死と重ね、神の罰として解釈した。一八三四年に母親のアンネと姉のペトレアが相次いで亡くなると、ミカエルの他に生き残ったのは長兄のペーターとセーレンだけになった。セーレンは、右のような経緯の他、生まれながらに虚弱体質だったということもあり、自身も三四歳になる前に死ぬのだろうと予想していた。自身が三四歳になったときにペーターに書き送った手紙には次のようにある。「三四歳になりました。これはある意味でまったく予想できないことでした。[…]父も私も、私たちの家族の者は誰一人三四歳までは生きないだろうと考えていました」[*1]。ミカエルは、自らの罪を償うかのように、セーレンには厳格なキリスト教教育を施した。いつもキリストを愛し、キリストを模範にしなさいと教えられて育ったセーレンは、自分は神に献げられるために生まれてきたのだと理解した。

ミカエルは敬虔なキリスト教徒でありながら、哲学を好む人でもあった。哲学書を読み、しばしば自宅に友人を呼んで議論を楽しんだ。セーレンは、ミカエルが論理的な議論によって友人たちを論破するのをいつも驚嘆しながら聴いていた。

なおキルケゴールが生まれた年の翌年、一八一四年にデンマークはナポレオン戦争で負けた。デンマークはノルウェーを失い、国家財政も破綻し、通貨は六分の一に切り詰められた。この敗戦を機に、デンマークではナショナリズムが芽生えることになった。このナショナリズムは、最初、王政に対する支持と同義であったが、一八三〇年代の後半からはこれの打倒を目指すリベラリズムとも結びついていった。この絶対主義とリベラリズムの相克はキルケゴールの人生や思想にも陰に陽に影響を与えている。キルケゴールは、ミカエルや大学の恩師たち、そしてミュンスター監督と同様、保守主義の立場に立った。

神に仕えるように育てられたキルケゴールは、牧師となるべく一八三〇年にコペンハーゲン大学神学部に入学した。最初は、極めて優秀であった兄の後を追うかのように試験勉強に勤しんでいたが、徐々に、神学の勉強に身が入らなくなっていった。最先端の学問に触れるうちに、自分の信仰に対する自信が揺らいだのである。そうした自分の問題について、大学で教えられる正統主義神学や合理主義神学は、何ら助けとならないように思われた。

ゲーテやロマン主義の作品を読みながら、自身のうちに否定しようもなく存在するイロニーに向き合ううち、キルケゴールは、問題が認識される神のうちにではなく、それに向き合う自身のうちにあるのではないかと考えるようになった。イロニーは、当時の文学研究や哲学研究のトレンドでもあった。敬愛する恩師であるP・M・メラー教授やF・C・シバーン教授、それから当時文芸批評家や劇作家として一世を風靡していたJ・L・ハイベアらの議論を受容しながら、キルケゴールもまたイロニー研究に没頭した。その過程で劇場に頻繁に通い、オペラ芸術にも造詣を深めた。キルケゴールはイロニーを、単なる修辞法の一つとしてではなく、実存の一形式として捉え、その意義と限界を見極めるべく思索を重ねた。

そうしたなか、キルケゴールが尊敬し、自身もまたキルケゴールに愛情を注いでいたメラー教授が三八年の三月に、そしてミカエルが八月に相次いで亡くなり、人生の最も大きな節目となった。ミカエルが亡くなる前、自身の五月の誕生日に、セーレンはミカエルから、アンネに対する父の暴行のことを知らされたようである。ミカエルの死を機に、セーレンは再度牧師試験の勉強に真剣に取り組むようになった。

他方、キルケゴールは三七年にレギーネ・オールセンと出会って、恋に落ちた。出会いから三年が経った四〇年の秋には婚約をすることができた。だがミカエルから受け継いだ憂鬱がその恋愛に暗い影を落とす。キルケゴールは、結婚生活が自らの真摯な信仰生活と両立するものなのか真剣に悩み続けた結果、それらの間には架橋しえない溝があることを悟り、自分は信仰の道を進んでいくべき人間であると考えるようになった。こうしてキルケゴールは結婚を諦めた。

牧師試験とマギスター論文の審査を終えると、四一年一〇月から四二年三月まで、シェリングの講義を聴くためにベルリンに赴いた。だが、最初こそ大きな感激をもって聴講したものの、徐々にその限界を認識するようになり、結局は失望のうちに帰国した。

キルケゴールは五一年に出版した『私の著作家活動について』で、著作活動の目的について、「宗教的なものやキリスト教的なものに注目させること」と記している。[*2] 当時、キリスト教はごく当たり前の「空気」のようなものになっていた。人々の注意はそこにはもはや向かっていなかったのである。キルケゴールはどうしたら人々がキリスト教に目を向けるようになるのか思索を重ね、それを、キリスト教の真理性を客体として記述することによってではなく、読者が自身の実存に注視するようになるよう刺激することによって果たそうと試みた。実存の諸段階、およびそれら諸段階間の移行がどのようにして行われるのかということをつぶさに書くことによって、読者の実存が徐々に宗教的な次元へと高まっていくことをキルケゴールは期待した。読者に自己に目を向けさせるため、キルケゴールは様々な仮名著者を駆使した。

キルケゴールが書いた著作のうち、『あれかこれか』に次いで浩瀚な『後書き』(デンマーク語新版では五七三頁に及ぶ)の原稿は四五年の一二月三〇日に印刷に手渡された。ところがその三日後の一月二日、キルケゴールの保守主義を嫌うM・A・ゴルシュミットが、自らの雑誌『コルサール』でキルケゴールに対する個人攻撃を始めた。ゴルシュミットは絶対王政の打倒を目指す共和主義者で、以前から当局によってマークされ、何度も罰金刑を科されていた。彼は、大衆向けの悪辣な風刺記事をほぼ一人で書き、大金を得ていた。雑誌でゴルシュミットは、キルケゴールの身体的特徴や衣服を嘲笑し、またレギーネとの関係についても、キルケゴールが『反復』で用いた「実験」概念を低俗に歪めてバッシングを加えた。アカデミックではない大衆紙であったため、知識人の多くはこのバッシングについてほとんどリアクションを示さなかった。他方キルケゴールはこの一件で、国家教会がキリスト者と認める人々がいかに「真理」からほど遠いところで生きているのかを身をもって理解した。大衆社会に対する認識は、翌年に出版された『文学批評』の「現代」の章で「水平化」概念をもって展開されることになり、またより根本的なレベルでは、かねてからキルケゴールのうちにあった殉教に関する思想を深化させた。後年の日誌には次のように記されている。「小さな子どもであった頃、私はすでに次のような話を、しかもこの上なく厳粛に語って聞かされた。「大衆」は真理そのものであり給うたキリストに唾を吐きかけたということ。[…]この話を私は心の奥深くにずっと抱え続けた。[…]この思想は、私の生そのものだ」[*3]。

四八年にキルケゴールも含め、多くの国民が慕っていた国王クリスチャン八世が逝去した。そしてデンマークは絶対王政の終焉という大転換の時を迎えることとなる。そうした政治的な激動のなかでキルケゴールが最も危惧したのは、国民のうちに長い時代を経て形成されてきた道徳が退廃することだった。四八年の日誌には、「不幸は、この小さな国の人々が道徳的に退廃し、口論好きになり、他人に対して下劣に嫉妬深い人間になり、統治する者に対する恭しさを失うことである」とある。[*4]ジャーナリズムが国民を煽り、国民の意思を神の意思と解することに、キルケゴールはまったく同意することができなかった。「神の前の単独者」という概念は、国民に対し、連帯によって数にものを言わせるのではなく、各人が何が真理なのかをその内面で判断すべきことを訴えるものであった。だがキルケゴールの願いに反し、デンマークは四九年の新憲法のもと立憲君主制へと移行した。これに連動し、それまでの国家教会は、国民によって支えられる国民教会へと変わることになった。

五四年一月に、三四年からずっと教会のトップに君臨してきたJ・P・ミュンスター監督が逝去した。二月五日、ミュンスターが埋葬される前の日曜日に、後任候補のH・L・マーテンセンが、「ミュンスター監督によるキリスト教の告知は、新約聖書と一致しており、ミュンスター監督は、その使徒たちと同列の真理の証人であった」と追悼説教を行った。この説教はキルケゴールを強く刺激した。「真理の証人」概念は、新約聖書に書かれた卑賤のキリストを自らの実存をもって倣う者に対して用いるべきものと、キルケゴールが以前からその著作活動において大切に作りあげてきた概念であったためである。

ミュンスターの後任にはH・N・クラウセンを推す声もあったが、時の首相、A・S・エアステヅは四月、リベラリストのクラウセンよりも保守主義に近いマーテンセンを後任とした。キルケゴールは教会制度それ自体には決して批判的ではなかったため、どのような仕方で批判を展開するべきか長い間悩んだが、ついに五四年一二月、『祖国』紙でマーテンセン批判を開始した。以後五月までキルケゴールはこの雑誌に一六篇の教会を批判する記事を投稿し続けた。その後、六月からは小冊子『瞬間』を自ら公刊して、「新約聖書のキリスト教」へと立ち返るよう教会や国民に対して直接的な言葉で強く求めた。『瞬間』第九号が九月二四日に発行された直後、キルケゴールは倒れた。病院では少年時代からの親友のE・ボェーセンが付き添った。病の床でキルケゴールは「僕にはパウロがもっていたような肉中の刺というものがあるんだ。だから僕は一般的な事柄との関係に入ることができなかったんだ」と語ったと伝えられている。[*5] 一一月一一日、キルケゴールはフレデリクス病院で亡くなった。聖母教会で行われた告別式には、若者や無名の者たちが多数参列し、兄のペーターが追悼説教を行った。またその日には、キルケゴールに賛同する者たちが多数、マーテンセン邸の前に集まったと伝えられている。

第一節　単独性

自他の峻別

キルケゴールは人間を論じるにあたって、その単独性を強調する。「単独者」というのはデンマーク語の den Enkelte の訳語として我が国に定着したものであるが、enkelt は「個別の」、「個々の」、「単一の」、「一人の」といった意味である。デンマーク語－英語辞書をみると、single が最初にくる。ちなみに「単独者」は、英語では通例、the single individual と訳される。意味としては「個人」と大きく重なるが、その個別性をより強調した意味になる。キルケゴールがこの語に与えた意味については、以下で説明していく。

「実存」で有名なキルケゴールだが、「具体性とは実存することであり、実存することは個々のものに対応するのだが、思惟はこれを看過する」と言うように、その思想の根本にあるのは、この世に存在するもの（実存するもの）は一つひとつのもの、個別のものだという考えである。[*6] 例えば「人間」は具体性と抽象性の両方に対応して、この世界に実際に存在する一人ひとりの人間を指すだけでなく、人間一般を指すこともできる。キルケゴールは両者を区別し、実際にこの世界に存在するのは個々人であって、観念の「人間」は存在しない、実存しないと言うのである。

本来はただ一つの質だけが存在する。それは個人性である。すべてがこれに帰着する。誰もが、他者については量的に理解することを、自分自身については質的に理解するのはこのためである。[*7]

「すべてがこれに帰着する」と言うところに、キルケゴールがいかにこの人間の個人性、ないし単独性に重きを置いていたかがうかがわれる。ここでは自分と他者が、質と量が対比されている。質は、他者ではなく自分のうちに見いだされる。人は自身のうちに見いだした質をのみ、他者のうちにも見いだすことができる。それが多いとか少ないとかを他者のうちに認めることができる。例えば、誠実さといった質を自分のうちにもつ者のみが、他者のうちにも誠実さを認めうるということである。またその他者がどれぐらい誠実かという量を測ることもできる。逆に言えば、自らのうちに誠実さという質をもたない者は、どれほど誠実な人間を目の前にしても、彼を誠実な人間だと認識することはできないということである。このように考えて、キルケゴールは、各個人はまず自らのうちにそうした精神の質をもたなければならないと言うのである。

自己自身を理解するということが、他のすべての理解のための絶対条件である。[*8]

自身のうちに質を見いだす者は、自己を凝視し、自己を理解する者である。そのような者であってこそ、他者を、世界を理解することができる。だがこの自己は他者と同じものではない。そこで自他は明確に区別される。自他の峻別については次のようにも言われる。

いかなる人間も他の人間と完全に同一のことを体験するものではありませんし、また仮にそれができるにしても、結局そこにはどうにもならない限界があるのであって、だれでもが他の人間の身になってみるということはできず、どれほど善意があっても、他の人間と完全に同じよ

うな感覚や感情や思考をもつことはできるものではないのです[*9]

「親身になる」ということを大事にしたいと思っている人は、こうした一節を読むともしかしたら少し驚くかもしれない。なんと孤独な思想家だと思うかもしれない。

だがキルケゴールが述べているのは厳然たる事実ではないか。私たちは他者と「少なくともまずは」ズレている。一致していない。一致していないから、「体調はどうですか？」とか「湯加減はどうですか？」とか聞いて知ろうとするのである。言葉で聞いて確認せずとも、表情や動作、体の動きなどから察するのである。確認作業を一切せずに、相手の感覚や感情がわかるというのであれば、それはもはや共感ではなく、憑依や超能力であろう。

内面をのぞき見ることができない以上、他者理解は直接には不可能である。私たちは、それの現れや表現から、他者の内面を想像するのである。そのことを指して、キルケゴールは、他者のことは「可能性として」わかるだけだと言う。「人間は他者を倫理的に裁くことはできない。なぜなら人間は他者を可能性として理解しうるだけだからである[*10]」。こちらにしてみれば迷惑な行為であっても、相手は善かれと思ってやっているかもしれない。もし倫理が「思い」や「意志」といった各人の内面に関わることであるとするならば、私たちは相手の内面でどういうことが起きているのかを直接には知りえない以上、厳密に言えば、相手がなした何らかの行為だけを見て、彼の倫理性を判定することはできないということになる。

こうした自他の区別は、事実として言われているだけであり、キルケゴールは何も他者を拒絶しているのでも、わかろうとする意志に欠けるのでも、人間嫌いなのでもない。まったく逆に、キルケゴールは他者に大きな関心をもち、他者をわかろうとし、他者に配慮している。むしろ理解を徹底しようとしたがゆえに、自他のズレを強烈に感じたのだとも言える。

ここで言われていることはプライバシーに関する事柄をイメージすれば理解しやすいだろう。相手のことをこちらが取り込んでしまうとき、相手のプライバシーは侵害される。相手のプライバシーに配慮するのは相手を軽蔑するからでも相手に関心がないからでもない。むしろ相手にも自分と同様の人格を認めるがゆえに、私たちは相手のプライバシーに配慮するのである。これについては次の言葉が大変示唆的である。「彼に対する私の関係についての最高の真理は、本質的には私は彼のために何の役にも立つことができないということである（これは最も深く願うことにある共感的苦痛——ふざけない限り誰でも経験する——を表現するものだが、しかしまた、万人の平等に対する最高の感動を表現するものでもある）」[*11]。キルケゴールは、精神は各人のものと考えている。詳しくは第二章で見るが、キルケゴールは、精神を発展させられるのは本人以外にないと考えている。「私はたくさんのことで彼の役に立つことができるし、そのために尽力もすべきなのだが、彼を最高のものになしうるのは彼自身だけなのだ」と言うように、ある者が他者の精神を作りあげるということはありえないというのである。[*12] 他者と親しく交際し、相手の役に立てることがあれば何でもやってあげたいと思う場合には、これは「苦痛」である。しかしキルケゴールはそれに続けて、平等に対する感激を述べている。

全員が自身の精神を自ら高めていかなければならない、同じ状況にあるという平等。たとえこの上なく恵まれた境遇にある人間であっても、誰か他の人に代わりに人格形成をやってもらうことや助けてもらうことはできない。もし誰か他の者にやってもらえるということになれば、不平等な状況があることになる。だがそんなことはない。キルケゴールはこの、万人が同じ状況にあるという平等に感激しているのである。

単独者の普遍性

これまで人間の単独性を強調するキルケゴールの言葉を読んできたが、しかし、この状況は、各人がまったく無関係な生き物としてバラバラに存在することを言うものではない。各人は別々の単独者だがしかしやはり「同じ」単独者である。単独者は「すべての人間がなりうるもの」であり、そこから必然的に人間の共通性や普遍性との関連も帰結するのである。単独性を直視できない人間について語る場面では、普遍性は私たちの目をくらませるものとして否定的に論じられるが、しかし単独性を直視し、自己を見つめ、そのうちに神と関わることができるようになった人間に対しては、普遍性はその真の姿をもって立ち現れてくる。

実は初期の仮名で書かれた諸著作においても、普遍性について言及されている。[*13] 一例をあげれば、一八四四年に出版された『不安の概念』に次のようにある。「人間は個人であり、つまり彼自身でありかつ全人類であるということ。したがって全人類は個人に与《あずか》り、また個人は全人類に与るということ。これが人間の実存において本質的なことである」[*14]。通常は、信仰に入ることは普遍性から外れることと解されるであろうが、キルケゴールはそうは考えなかった。まったく逆に、彼によると、人が肯定的な意味での普遍性へと至りつけるのは、自然性の次元で思考する「(普遍)哲学」によってではなく、単独性を引き受ける信仰によってである。このため、このポジティブな普遍性は主に宗教的な著作において論じられる。

一八四三年の『二つの建徳的講話』では次のように言われる。「信仰は最高善であるのみならず、万人が与りうる善なのです。そして、信仰をもっていることを喜ぶ者は、同時に無数の人間についても喜んでいるのです」[*15]。信仰が「万人が与りうる善」であると言われるところに、信仰が開く普遍性の地平が明示されている。信仰は、それを手にするまでは、諸個人が単独者として奮闘する事柄である。しかし信仰によって得られる真理はその人だけのものではない。それが真理である以上、それは万人にとっての善である。

後期において、信仰の普遍性に関する理解はさらに深まる。ここで少し詳しく、一八四八年の『キリスト教講話』における議論を見ておこう。ここでキルケゴールは「分有」について語る。分有は「分かち持つこと」を意味する。「精神の善はその概念によって分有なのです。それを所有していることが情け深いことであり、即自的にも対自的にも分有なのです」[*16]。精神が見いだし達成する善は、他者を排除しながらその人間によって独占的に享受されるものではなく、他者たちと分かち合われるものである。というのもその善を所有することは、その所有者を他者に対して「情け深く」あるようにするからである。

それに対し、神や永遠に関わることのない時間のこの世に内在する善は、分かち合われるものではない。それは各人によって独占的に所有される。「地上的な、あるいはこの世的な善はいずれも、それ自体利己的であり、嫉妬を帯びたものです。それを所有していることが嫉妬によるか、あるいは嫉妬なのです。そして何らかの意味で他の人々を必ずより貧しくします[*17]」。ここに言われるように、時間のこの世の善は分有されない。ある者がそれを所有するということは、他の者はそれを所有しないということである。当然、所有できない者は所有している者を嫉妬する。所有する者は、誰かが所有しているのをうらやましく思い、それを手に入れるに至ったのである。さらに所有することは差異化をもたらし、比較のこの世界で、実際には所有しない者をさらに貧しくする。

この地上的な善に数えられるのはお金や物だけではない。精神的な能力であっても、永遠性や神に由来しないものはすべて同様に働く。「より不完全な精神的善があります。例えば、洞察力、知識、才能、素質などの精神的善です。〔…〕これらの善はそれ自体においてはいまだ分有ではありません[*18]」。このようにキルケゴールは、洞察力や知識といった、一見すると「精神」の働きに思われるものも、永遠性に関わらないものであれば、時間のこの世の善に含める。すなわち、各個人によって所有され、享受される善、持つ者と持たざる者を差異化することと不可分の善、他者には何ら益をもたらさない善である。私たちは他の人の知識や才能、素質をうらやましいと思う。キルケゴールによれば、そうした分有されない精神的善は「不完全な精神的善」にすぎない。永遠性に由来しないそうした能力は、この世においてのみ意味をなすもので、終始この世で働く。そうした能力は、彼がそれを他者のために用いない限り、それを有する者だけにとっての善である。

以上見てきたように、単独性は、個別性のみならず、人間であるという普遍性とも不可分の概念である。この両義性こそが、キルケゴールが思考する空間であると言っても過言ではない。この空間のなかでキルケゴールは、時に各人の個別的な単独性を強調し、時にすべての単独者に共通する点を明らかにしようとする。いずれにしても、この空間での思考は単独性があることによって作動する。

第二節　主観性

主観性の真理

キルケゴールが人間を語るとき、単独性だけでなく主観性についても語る。ここで主観性と言うのは Subjektivitet（英語の subjectivity にあたる）のことであるが、これは主体性と訳すこともできる。本書では文脈に応じて訳し分けることになるが、読者は主体性や主観性の語を読む際は、そこで言われているのは、Subjekt であることを意味する Subjektivitet であることを想い起していただきたい。

キルケゴールは『哲学的断片への後書き』という本のなかで、「主観性は真理である」と述べた。[*19] これが大きな反響を呼んだ。近代哲学の枠組みのなかでは、通常、真理は客観的なものだと考えられるからである。そこでは、客体が正しくありのままに認識されるときに真理が得られると考えられる。この近代認識論に照らして、キルケゴールは一人よがりの独断を肯定していると批判された。

だがこれは誤解である。キルケゴールが「主観的な思い込み」を肯定したことは一度もない。キルケゴールが書いたものを読めばそうした理解が誤解であることはわかるはずだが、命題を聞くだけでその命題が意味するところを理解したつもりになり、その真偽について判断することができると考える人は、キルケゴールの書いたものを読まずにそう誤解し、批判した。

キルケゴールの言葉や思想を理解するためには、「キルケゴールが考察している問題が何なのか」ということをまず理解し、そこから出発しなければならない。というのも、キルケゴールが「私たち」が考察している問題について考察しているとは限らないからである。もっとはっきり言えば、しばしばそこには小さな、あるいは大きなズレがある。そのため、キルケゴールが発した言葉を私たちの文脈に持ち込んで理解しようとしても、意味をなさなかったり、不正確な理解になったりするのである。だから私たちは、キルケゴールが考察した問題は何であるか、どういった状況でそういった考察がなされているのか、そこから理解していかなければならない。この作業を省くならば、キルケゴールが書いた言葉の意味は決して理解されえない。

では「主観性は真理である」と言うときにキルケゴールが考えていたことは何か。それは、キリスト教の文脈では、客観性ではなく主観性のうちに真理があるということである。真理は、単独の自分の生の外部にあるのではなく、逆に、自分の生の内部にあるということである。神と関わるのは自分の内面においてであり、それ以外のどこでもない。自己関係を離れて、世界を眺め、人々の真理に関する語りを咀嚼し、人々が真理と認めるようなものを手にするという方法は、キリスト教に関しては必要ない。一にも二にも自己を凝視すること。そこにこそ神は立ち現れる。そこでこそ神との関わりが可能になる。それがこの命題の意味である。

やはり問題は自己自身を形成していくことである。真理との関わりにおいて自己自身を形成していくことである。真理と自己は関係づけられなければならない。真理を見いだしたら、その真理性を自分の主観性において受け止め、それを自らの実存に反映させなければならない。例えば、神が愛だと理解したら、その愛に自身を関わらせ、自らも愛する者とならなければならない。こうしてキルケゴールは、この主観性の真理を「自分のものにすることとの真理」とも言う。[*20]

だが他方でキルケゴールは、同書の後半で「主観性は非真理である」とも言う。[*21] 右に述べたことと正反対であるが、こう言うときにキルケゴールが考えていたことは何か。

これは神を前にしたときに理解される人間の非真理性である。右に見たように、主観性が真理であるというのは、人間性が真理であるという意味ではない。キリスト教の文脈では、真理は人間性（とりわけ自然的人間性）を超えた神に見いだされるのであって、自然的人間性のうちに見いだされるのではない。もちろん、キリスト教の文脈を離れるならば、すなわち時間のこの世においては、（自然的）人間性の世界が繰り広げられている。そこには数学の真理、諸科学の真理、歴史学の真理が見いだされ、活用されている。その他衣食住であれ様々に人間が営むことに関し、人間はどうすればいいのかを知っている。それらは正しい。有用性をもつ。ただしそれらの真理性は相対的なものにすぎない。それらは、そのために人が生き、死ぬような絶対的な真理ではない。絶対的な真理は神にあるのであって、人間にあるのではない。それがキルケゴールの考えである。

人間は、神を前にしたときに、自身が絶対的な真理をもっていないことを知る。自分がそれまでに認識していたのは、相対的な諸真理にすぎなかったことを知る。いくら人間が自身の自然性やこの世の相対的真理性に合致する形で自身の主観性を形成したところで、神の前でその真理性は崩壊する。キルケゴールはこれを、人間を堕罪した存在と捉えるキリスト教の伝統を踏まえながら語っている。人間は神に似せて創造されたのだが、「単独者が単独者として自ら定立する」罪によって、各人は堕罪する。[*22] こうして（自然的）人間性は、神ないし真理と関わるものでなく、非真理のうちにあると考えられる。主観性が非真理であるというのはこのことを意味する。

日本社会における真理の受けとめ方

翻って私たちはどうであろうか。真理に関わる主体性を成熟させるべく自己形成に努めているであろうか。真理に関わる他者の主体性に配慮した関わりをしているであろうか。真理とされているものを受動的に受け取るだけに終わっていないだろうか。自分や他者をありのままに肯定すればいいのだと考えていないだろうか。

例えば学校においてはどうか。私たちは真理ないし正解を教えられるばかりの受動的な学習者として扱われることが多いように思われる。教師が教科書にある真理を黒板に書き、生徒はそれをノートに書き取り、覚える。正解を答えて高い評価を得る。そうした教育を受けることによって、私たちは往々にして受動的な学習者に作りあげられてしまう。

キルケゴールより以前にすでに啓蒙主義者のコンドルセ（一七四三―一七九四）は、学校は真理を教えるところではなく、真理を見いだす力を身につけさせるところとした。[*23] 一八世紀フランスの啓蒙主義の文脈では、真理は、誰かに与えられるものではなく、人間各人が自ら探求し、発見し、決定するものである。

詳しくは第四章第二節で論じるが、正確に言えば、キルケゴールが論じているのは真理への主体的関わりであり、啓蒙主義的ないし自由主義的な真理の自己決定のことではない。とはいえ、キルケゴールもまた真理の無反省的受容を断じて許すものではなかった。人間は真理に対して主体的に関わらなければならない、真理に関わる主体性を自ら形成していかなければならないと言うのだから。

だが我が国の学校では、真理に主体的に関わるような主体性を涵養する文化は、少なくとも現代にはない。この国の学校は生徒のうちにそうしたプロセスを起動させない。生徒も学生も、自らの人格に関わらない真理を直接的に受容するばかりである。言うまでもなく、このような教育を受けて育った人間は、自己形成する力も、人間を主体的な精神を備えた存在として理解する力も身につけ損ねてしまう。

主体性や自由が介在しない学びは、当然、学習者の関心をひかない。二〇一二年の国際成人力調査（PIAAC）では、知的好奇心を調べるために、新しいことを学ぶことが好きかどうか問うたところ、日本は調査対象二一か国の平均値を大きく下回り、下から二番目であった。[*24] 教育者の多くもまた、人間の主体性を知らないのである。人間性の涵養が教育に不可欠のものであるならば、人間のもつ主体性について、私たちはキルケゴールから多くを学ばなければならない。

第三節　内面性

内面性と外面性、時間性と永遠性

人間であるとはどういうことか。キルケゴールが強調する第三のものは内面性である。内面性は、言うまでもなく、外面性の対義語である。外面性は目に見えるが、内面性は目に見えない。基本的にキルケゴールは、目に見える外面性には価値を置かず、目に見えない内面性に大きな価値を置く。

確かに特別な意味で愛の業と呼ばれる業《わざ》がある。しかし実際には、ある人が施しを与えるからといって、彼が寡婦を見舞い、着るものすらない者に着物を着せるからといって、いまだ彼の愛が証明されたことにもわかるようになったことにもならない。なぜなら愛の業は愛のない仕方で、そうだ、利己的な仕方でさえなされうるからである。*25

ここで言われていることは、一般に、外見よりも中身が大事、見た目よりも気持ちや思い、心が大事と言われることと大部分重なっている。しかしより厳密に言えば、ここで内面性と対置されているのは人物の見かけではなく、具体的な行為である。内面性と行為の両方が愛と結びついていればいいのだが、両者は必ずしも一致しない。愛の内面性なしに「愛の行為」がなされることもある。それは内面性を欠くがゆえに、ほんとうは愛の行為ではないのだが、愛する人がしばしばなす行為であるがゆえに、やっていることだけを見れば愛の行為であるように思われる。

愛には、愛する思い（内面性）とそれの行為による表現（外面性）という二つの次元が存在する。前者も大事だが、後者も大事であることは言うまでもない。キルケゴールもまた愛することを行為で示すことの重要性はよくよく理解している。だがここでの論点は、どちらが先行するのか（先立つのでなければならないか）ということである。そしてキルケゴールは迷うことなく、内面性が行為に先行すると言う。

だがキルケゴールは、内面性という言葉を、単に思いや気持ちの意味で用いているのではないことにも注意しなければならない。「内面性とは、神の前で個人が自己自身に関わるということであり、個人が自己自身へと反省する〔意識を折り返す〕ことである」。[*26] ここに言われるように、キルケゴールは内面性という言葉に、自己関係や自己反省の意味も込めている。外的世界に向かいがちな私たちの意識を、自己自身のうちへと折り返すこと。内面性はそうすることによって得られる。それからここには自己関係と神との関係との連関も言われている。キルケゴール思想においては、自己自身への関わりは単なる「人間的」事象ではなく、理念との関わり、その究極においては「神の前に」行われる「宗教的」事象として解されている。人間が自己自身に関わり、理念との関わりで自己を形成をしようとするとき、人は人間をそのようなことができるように造った神を予感する。ここで神は、理念の根源、あるいは人間精神に本性を与えたものとして解されている。

ここで『不安の概念』や『死に至る病』で示されたキルケゴールの人間論について確認しておきたい。

人間は心的なものと肉体的なものとの総合である。しかしこれら二つのものが第三のものにおいて統一されるのでないとすれば、総合ということは考えられない。この第三のものが精神である。[*27]

人間は無限性と有限性との、時間的なものと永遠なものとの、自由と必然との総合、要するにひとつの総合である。[*28]

前者の『不安の概念』での議論と、後者の『死に至る病』での議論は、多少位相を異にするところもあるが、真っ向から対立する諸要素の総合として人間を捉える点は変わらない。人間は、心的なものと肉体的なものの、あるいは無限性と有限性、時間と永遠、自由と必然が組み合わさってできている。

人間は、時間性だけではなく永遠性からも成るというのは、人間は単に生まれては死ぬだけの時間的な現象ではなく、永遠なものとも繋がっているという意味である。この世の一切は起きては過ぎゆく、また次のことが起きては過ぎゆくだけのことではないという意味である。次々とかき消されていくのではない何か。人間は、その内に永遠なものをもつ存在なのである。

しかしまた同時に、人間は時間的な、死すべき肉体をもつ。人間は神ではない。神のように永遠に生きることはできない。私たちが住むのは永遠性の世界ではなく時間性の世界である。その世界のうちで私たちは時間的な肉体を備えて生きている。時間のなかで変化し、消え去る様々な事柄にも関わる。人間は、一方で永遠性を備えながらも、他方では時間性も備え、そうした時間性から脱却することは決してできないのである。

しかしそれだけではない。人間は単に二つの要素から成るものとして、静的に存在するものではない。上にも述べたように、二つの要素の総合であること以上に重要なのは、そのような人間が自己自身に対して意識的に関わるものだということである。ここにキルケゴールの人間理解の特徴がある。人間は自分が気になるものである、自分をどうにかしようとするものである。それは精神の働きによるのであり、ここにこそ人間の人間らしい特徴がある。

内面性と「心」

ここで私たちは、キルケゴールが「内面性」の思想家であっても、それは日本人が考えるような「心」の思想家ではないことを理解しなければならない。「心」はキルケゴールの言う「内面性」と同じものではない。「心」は何か対象を「思う」もの、世界を映すものであろうが、それにはキルケゴールが言う「内面性」や「精神」がもつ再帰性が欠けている。「思い」、「思われ」である限り、心は反省性のない「直接性」の次元にとどまる。それに対し、精神は、直接的に対象に反応するだけでなく、再帰的に自己に関わることで、あるいはさらに理念や神に照らして自己に関わることで、直接的な現前から身を離す。これによりキルケゴール的主体は自身の「思い」に固執することがない。日本人が自分の「思い」に固執してしまい、これを手放すことができないこと、また相手の「思い」を前にすると、それとは別のところで認識された事実や理念が価値を失ってしまうのとは対照的である。

日本には思いや心を重視する文化がある。だが看過してはならないのは、外面性の文化も同等に、あるいはそれ以上に強いということである。「見た目がちゃんとしていること」や「身だしなみがきちんとしていること」に大きな価値を置く場面は無数にある。学校や職場でも服装や頭髪など、見た目が重視される。中身がともなっていなくても見た目さえきちっとしていればよしとすることや、中身がよくても身だしなみがちゃんとしていなければよろしくないとされる場面が散見される。

どうしてそこまで外面性に固執するのか。それは外面性は内面性の現れだと解されるからであろう。しかし内面性は外面性に「そのまま」現れるのだろうか。これに関してキルケゴールは否と言う。キルケゴールによれば、外面性に直接に現すことができないところに内面性の内面性たるゆえんがあるのである。それは内面性が永遠に関わるもので、その永遠性は時間的なものではなく、可視的なものとすることができないことによる。外面性に直接現れるような内面性は、キルケゴールによれば、いまだ浅薄な内面性にすぎない。それは「精神」以前の「心」にすぎない。

人間は単なる直接的な存在ではない。学生の服装に関しても、内面がそのまま外面に現れるというよりは、それはむしろ意識的な表現であるケースが多いのではないか。「服装が乱れる」というよりも、意識的に服装を乱すのではないか。それは、禁止に対する意識的なリアクションであるように思われる。自由を許さないから、過剰に走るのだろう。

私見を述べるならば、生徒には頭髪と服装の自由を認めるべきである。どのような髪型にするのか、髪の色にするのか、どのような服装にするのか、自由にさせるべきである。前節でも述べたように、私たちは育つ過程で自分で自分を調える、形成するということができるようにならなければならない。現代では、自己決定権は基本的人権の根本にある最も重要な権利である。自己決定したことによって世界から思ったような反応を得られることもあれば、そうはいかないこともある。どうしてそうなったのか考えてみる。そして自らの行為を修正する。そのようにしてだんだんと上手に世界と付き合えるようになっていくのである。確かに中学生、高校生はまだ自己や世界との関わりにおいて未熟かもしれない。自ら選んだ服装によって世界から思わしくない反応をもらうこともあるだろう。しかしだからといって自己決定させないのでは、いつまで経っても上手に自己決定できるようにはならないだろう。どのような格好をすればどのように見られるのか、それを学んでいかなければ、「ドレスコード」について習熟することもできまい。

敬老の文化について

キルケゴールのみならず、西洋人は一般に成熟することに大きな価値を置いている。いつまでも未熟であること、幼いことは高く評価されないどころかマイナスに評価される。これに関して私たちはどうであろうか。精神の成熟に価値を置いているであろうか。成熟を見極める基準をもっているだろうか。成熟しようと努めているだろうか。

確かにこの国には、年上の人間を敬う文化がある。しかしこれは、私たちが成熟に価値を見いだしているということとは少し違うことであるように思われる。これに関し、キルケゴールは「永遠なものに関しては年齢は何の正当性にもなりません」と述べている。[*29] 精神として成熟するということと年齢を重ねることとは同じことではない。年齢を重ねても、精神が成熟せずにとどまっているということはいくらでもありうるからである。とすれば、「年齢が上だから」という理由で年上の人間をすべて「敬う」というのは、「精神の成熟」に価値を見いだしているのではなく、単に年齢に価値を見いだしているだけということになろう。年齢が上だという一点で人を上下に配列するのであれば、むしろ精神の成熟について基準がないがゆえに、年齢に基準を見いだしてしまっていると言わなければならない。ここでも日本文化はあまりに直接的である。

この国では年上が話し出すと、年下の人間はなかなか対等に議論ができないという状況がしばしば生まれる。思うにそれは、年上の者が、年下がしていない経験をしており、その経験で「感じたこと」が不可侵と思われるからだろう（残念ながら年下の人間が感じたことについては不可侵とされない）。その経験や体験を聞くことそれ自体は年下の人間にとっても興味深いかもしれない（あるいは興味をひかないかもしれない）。だが、問題がそこから転じ、事柄の是非をめぐる段になったときには、本来は、双方が対等に議論すべきである。例えば、戦争の経験について年上が年下に対して語る場合。その体験について年下は、知った気にならず、謙虚によく聞くべきである。もっと知りたいことはたずねるべきであり、年上は相手にもわかるように説明すべきである。だが戦争の「是非」について語らう場合には、両者は対等に議論すべきである。相手が年上であっても、論理に飛躍があると思えば、年下であっても反論しなければならない。

しかしこの国ではそうなることは稀である。年上が年下の反論を受け付けないことも多い。反論を受けると、「お前に戦争の何がわかるんだ」という言葉が飛び出すかもしれない。しかし戦争を経験したからといって、あるいは戦争で苦しんだからといって、戦争の是非に関する議論を独占する権利はない。だが論理や真理に対して経験と心理が勝ってしまうところでは、対等な議論は成立せず、年上が支配してしまう。

真理と心理

「心」と「内面性」の違いについてはすでに述べたが、「精神」という言葉の理解も、キルケゴールと日本とではずれているように思われる。確かにこの国でも「精神」という言葉が語られることは決して珍しくない。しかしそこで言われていることは、「辛いことでも諦めずに頑張る」といった忍耐の意味に近い。だがキルケゴールが精神ということで考えていることはこれではない。キルケゴールは、自分自身に再帰的に関わること、自己形成を行うこと、自己のうちに永遠性を見いだすこと、そうした働きを精神に認めていた。

両者の違いを生みだしているのは「真理」との結びつきである。キルケゴールが主体性や内面性、あるいは精神と言うときは、常に真理が問題になっている。真理は、問題や領域によって様々ありうるが、キルケゴール思想においては、究極的にはキリスト教の神がそれらすべてを基礎づけるのであり、神が絶対的な真理とされている。この真理こそが精神の成熟を測る基準なのである。

これに対し、気持ちや心は「心理」の現象である。それは永遠不変の真理に関するものではなく、むしろ時間のなかでめまぐるしく変化するものである。人間の心理や欲望は時間のなかでころころと変わる。さっきまでどうしても食べたかったものが、一時間後にはもういらなくなっている。さっきまで安らかだった心が、相手のちょっとした一言によって、数分後には動揺している。多くの日本人が見つめているものは、不変の真理ではなく、めまぐるしく変化する人間の心理であろう。日本人はキルケゴールのように真理を常に志向しながら存在しているわけではないし、そのようなものとして人間を見ているわけではないように思われる。

この国で私たちが対話するとき、私たちが気にするのは真理よりもむしろ相手の心理である。私たちは、「空気」や同調圧力を常に気にしながら話さなければならない。周りはどう思っているか、どんな発言であればその場の空気を壊さないか、周りに受け入れられるか、そうした無言の制約や条件を察知しながら話さなければならない。そうしてしばしば、解決しなければならない問題についての正確な認識よりも、周りの心理に配慮することの方が主となるのである。

一般に感じられているのとは異なり、そこにはみんなが真理を同じように真理と認める「同じ人間」という感覚はない。むしろそこでは人間はそれぞれの利害のために生きる「別々の人間」である。利害が異なるから気持ちも異なる。私たちが別々の人間であるとき、私たちは思考を共有し「一緒に考える」ということができない。日本人にしてみれば、「考え方は人によって様々」である。誰がどのように「考える」こともありうるのであり、それが「現実」である。普遍的な真理が想定されないところでの議論は、各人が各々の利益を主張し合うだけになる。具体的な利益だけを目標とする論者は、利害を調整するだけで真理探究が可能となる高い次元へと進んでいくことができない。

真理も人間の観念もないところでは、利害の対立は「力」によって解決される他ない。「力」は物理的な暴力であるかもしれないし、他の形をとるかもしれない。それは「数の力」かもしれないし「金の力」かもしれないし「地位の力」かもしれない。いずれにしても人々が訴えるものが力である限り、そこにあるのは「押し合いへし合い」の状況である。当然、力の強い方が勝つ。

真理がないところでは、強者に自らの過ちを認めさせるものもない。真理のプレゼンスが弱いこの国では、人が自らを省み、真理に照らして自身の間違いを認めるということも起きにくい。強者が、自らを真理に照らして省みるという意味での自己反省を十分に行わない場合、非真理の状況が続いてしまう。真理への配慮がないところでは、強者が決定した現実や真理が、そのまま現実や真理として通用してしまう。

では小さな力しか持たない者はどうか。力によらずに真理に照らして利害の対立を収めてほしいと望むが、それはかなえられないため、彼（女）はいきおい「悩む」ことになる。これもまたこの国ではごくありふれた状況である。自身が大きな力を手に入れるまで、あるいは真理なしの力の世界が変更不可能な「現実」であることを受け入れられるようになるまで、あるいはそれにもかかわらず真理のために生きることを選ぶまで、この「悩み」は続く。

これに関して言えば、キルケゴールは、キリスト教は Bekymring（思い煩い、憂慮）の宗教であると言う。キルケゴールが言う思い煩いの基本的な意味は、明日も食べ物が手に入るか心配することである。だがそれが意味するところはこれにとどまらない。自分が生きていることや世界で起きていることに意味はあるのか、自分はただ死に消えるだけの存在なのか、救済にあずかることができるのか、そういった「意味」や「救済」に関する憂慮をも意味する。この思い煩いや憂慮と日本的な悩みは、ある部分では重なるが、厳密に言えば、やはり同じものではない。というのも憂慮もまた真理との関係で意味をなすものであるがゆえに、そこでは適切な憂慮とそうでない憂慮とが区別されるからである。すなわち、キリスト教信仰を前提とするところでは、人は憂慮するとき、適切に憂慮しなければならないのである。憂慮したからといってそのままその人が肯定されることはない。不適切な仕方で憂慮していれば、その者は、その不適切さに関して責めを負うのである。この点でこれは日本的な「悩み」とはまったく異なると言える。真理ではなく心理ばかりが問題となるこの国では、悩みも一つの心理として肯定されるべきものとして聞かれる。単なる考え違いで悩んでいる場合であっても、悩んでいるという心理状態はそのまま肯定される。裏面では、悩みは消えさえすればいいものと解されている。やはり真理は不在で、心理のみが働いている。

人間になるということ

キルケゴールは、そのキリスト教信仰によって、人間とは何か、という古代から続く人文学の問いと、それに対する答えとを継承している。西洋にある人文学の伝統は、人間とは何か、この問いに向き合うのが人間であると考えてきた。人間は、この問いに向き合うことによってこそ人間である、あるいは人間になる。この問いに向き合わないとき、人間は存在としては人間であるとしても、いまだ人間らしい人間ではなく、「獣」、「ロボット」、あるいは「ゾンビ」など、何であれ「非人間的な人間」にとどまっていると考えられる。

「人間になる」ということを重んじた点は、キルケゴールも同様である。先述したように、人間とは自らを省みる存在である。自己に関心をもつ存在である。それは単独性の状況であるが、しかし単独者はまた、万人がなりうるという普遍性をもっている。キルケゴール的人間もまた、自身の単独性を引き受けながら人間とは何か、キリスト者とは何かと問い、理念や真理、神との関わりのうちで自己を形成するのである。

真理が多様化し、あるいは真理の存在それ自体が疑われるにいたった現代においては、人間は端的に人間であると考えられ、「人間になる」という課題のみならず、人間とは何ぞやという問いそのものがリアリティを喪失しつつある。人間はもはや「人間になる」必要がなくなった。そうした単に「人間である」だけの人間が、ほんとうに「人間」なのか、あるいはやはり「獣」であり、「ロボット」であり、「ゾンビ」であるのか、私たちは偶然的なかりそめの直観によって判断するのではなく、歴史的経緯をよく知り、現代の状況を俯瞰的に捉えた上で判断しなければならない。これに関しては第四章でさらに考察を深めることにする。

第四節　真理の超越性

人間の真理と神の真理

「キリスト教はこの世の王国ではない[*30]」。キルケゴールはこう述べて、キリスト教とこの世は「異質」なものだと語る。[*31] 人間は、その思惟によってあらゆるものを理解しようとする。だがキルケゴールによれば、「あらゆる思惟は内在性のうちにある」のであり、内在性を超える事柄についてはその全体を論理的に認識することができない。[*32] これはつまり、人間が自らの能力によってこの世で真理と認めるものと、神の真理とは同一次元にないということである。人間は後者を、前者を知るように知ることはできないのである。

人間が内在的に知ることができないとはいえ、神やキリスト教に関する事柄を忘れてしまっていいということはない。キルケゴールは、人間の原理とキリスト教の原理は互いに異質であるとしながら、両者を区別しつつ、ともに保持すべきだと主張する。「俗物性とは何か、無精神性とは何か。それは理想を棄て基準を変えてしまった、今この場所で生活している私たち人間が今ある姿に合わせて基準を変えてしまった」。[*33] 神を追い出し、人間の基準だけで人間が生きようとすることにキルケゴールは賛成しない。同時に、西洋では神を残しながらも、その神を「人間的に」ないし「内在的に」理解するという神理解の改変も起こった。だがキルケゴールによれば、そこに残っているのはもはや神ではない。そうすることによって人は、自分が善しと思うものを神の名によって肯定しているにすぎない。

もし私が、それは善であると自分で見抜くことができる善について神に感謝するなら、私は神を愚弄している。なぜなら、〔その場合には〕神に対する私の関係は、私が神と等しくなるよう造り変えられるということを意味するのではなくて、私が神を私と等しくなるよう造り変えるということを意味するだろうからである。〔そのとき〕私は、善であると自分が知っている善について神に感謝している。しかし私が知っているものは有限なものである。だから私がそうするなら、私の考えに神が合わせたことについて神に感謝しているのである。[*34]

キルケゴールによれば、自分に嬉しいことが起きたときにそれを神に感謝する者は、一見すると、神を基準にして生きているように見えるが、実は、神を人間に合わせて変形してそうしているのである。彼らは神を基準にして生きているのではなく、自身が好むものを基準にしてそれを神を用いて肯定しながら生きているにすぎない。

人間が善しとするものは不変のものではない。人の世は時代によって変わる。前の時代に善しとされていたものが次の時代には悪しきものとされる例を私たちは無数に挙げることができる。当然それは、今善しとされているものも、次の時代には悪しきものとされるかもしれないことを意味する。

この地上の生の不完全さ、その地上性は、まさに義《ただ》しい者と義しくない者との違いを示すことができないところにあります。〔…〕誰が義しい者なのか、誰が義しくない者なのか、見通しがたい闇が覆っています。義しさは、人間が自分で見いだしたものであるように思われ、多くの人間がそう思うものが義しいものだということになります。[*35]

私たちは、その都度、多くの者が正しいと認めるものを正しいと認めさえすればいいのであろうか。もし真理が永遠に変わらないものだとすれば、この世で多数者が真理とするものは、変化するものである以上、真理ではない何かだと言わざるをえない。神が不要になり、その代わりに人間の悟性や理性が真理の基準となるとき、実際には、この世では多数派が真理と認めるものが真理とされるという状況が生まれる。

キルケゴールはこうした真理観に賛成しない。多数者が認めるものが真理とは限らないと言うにとどまらず、むしろ人間ないし多数派が真理と認めるものは、絶対的真理とは関わりのないものだと言う。次の言葉にあるように、キルケゴールが頑なにこのような主張を繰り返すのは、この世がそれほど善良な世界には思われなかったからである。

宗教的なものが勝利したあるいは多数派のうちにあると考えることができるほどこの世は善くない。[*36]

確かにヨーロッパでは、キリスト教がその他の宗教に勝利し、北欧にまで浸透した。しかしキルケゴールによれば、それはヨーロッパないしこの世が真理を体現するに至ったということをまったく意味しない。キリスト教はなお人々によって正しく理解されていないし、それが求めるところを人々はなお実生活において実践していない。ヨーロッパにおいてすら、キリスト教はいまだ実現していないというのがキルケゴールの理解であった。

超越性の効用

このように、キルケゴールはキリスト教という真理がこの世の原理を超越するものだと強調するのだが、ではどうしてキルケゴールは超越性を確保しようとするのか。超越の次元に真理をもつことで何が変わるのだろうか。

愛ある者は、勝ったのは自分だとか、自分は勝者だというふうに見せることはないし、そのようなことを思いつきもしない。そうではない、勝ったのは善なのである。屈辱や侮辱を与えるものを取り去るために、愛ある者は自分と愛なき者との間により高いものを差し入れ、そうすることで自分自身を取り除く。[*37]

内在の世界しか存在しないとすれば、つまり人間たちがすることがすべてだということになれば、誰かが真理を教えると、誰かが真理を教えられる者ということになる。その真理が愛や善に関するものである場合、どちらがよく愛や善の真理を知っているかという競争において、どちらかが勝つということは、もう一方が負けるということである。そしてそれを中和するものは何もないということである。これはしかし敗者にとってはこの上なく苦い体験になるであろう。「同じ人間」に愛や善に関して非真理とされることは、人間にとっては屈辱である。だが、真理は明らかにされなければならない以上、真理をめぐる争いは不可避である。非真理は非真理とされなければならない。そこでキルケゴールは、勝利したのは人間ではなく、善という理念なのだとその場を解釈して見せる。人間を超えるものがあることによって、人間は一対一の構図で、非人間的に相手を打ちのめすことなく、ともに真理を探求し、真理を真理と認めることができる。そこには人間ならぬものが必要なのである。

神が存在することによって、この世界はスムーズに機能する。逆にもし神が存在しなければ、この世界はスムーズには機能しない。様々な解決不可能な問題を抱えることになる。こうした状況については、例えば次のような比喩が私たちの理解を助けるかもしれない。

ここに九つの点がある。そのうちのどれか一つの点から出発して、一筆書きで四本の直線を引いて、九つの点をすべて通るようにせよ。

この問題を解こうとするとき、人は往々にして、三×三の内部で一筆書きしようとする。しかしそれはうまくいかない。正解は、次の図である。

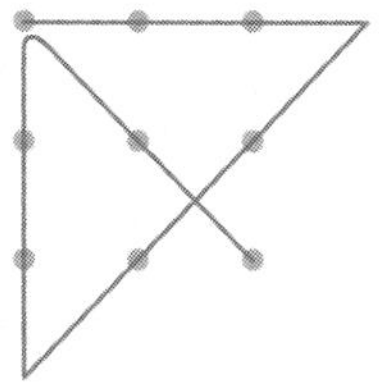

このように三×三の外部にまで出ればうまくいく。この三×三の枠内を内在と、その外を超越と見立てていただきたい。内在と超越の構図は、この図と類比的に理解することができる。内在のうちで解決できない問題も、その外部も使うことによってうまく解決できるのである。

超越の神に関わることによって、人間は視点を移し、徐々に神の目からこの〈私〉は、あるいはこの世界はどう見えているんだろうと想像するようになる。もちろんそれは想像でしかなく、ほんとうに神の目に世界がどう見えているのかはわからない。だが確実なのは、人間は超越神を想像することによって、物事を俯瞰する能力を向上させるということである。

日本人は欧米人に比べて状況を俯瞰するのが決して上手ではない。逆に、今の自分の視点から世界を眺めるに止まってしまう。他者の立場に立ってみる場合でも、その他者は多くの場合、この世に存在する特定の人間的他者であろう。これは様々なことについて言える。日本人はすでにある道具や機械を改良することは得意かもしれない。しかしコンピュータという「システム」を作りあげることができなかったのは、こうした宗教文化の違いと無縁ではないように思われる。

同じことは社会認識についても言える。日本人も具体的他者のみならず社会をも認識するであろうが、自分の立ち位置から眺めるにとどまり、世界全体を俯瞰し、そのなかの一人としてあらゆる人間を認識することは難しいようである。様々な政治的企てがなかなか成功しないことともこれと無縁ではないだろう。

自分の視点から社会を眺めるだけで、自分をそこに含めて俯瞰的に捉えることができない。そのため、全体ないし「現状」はどうしても動かしがたいもののように思われてしまう。現状に不満を感じるとしても、しかし現状がそのようであることは動かしがたい所与であるように思われる。この国の歴史を振り返ると、全体の進み行きが行き詰まっているにもかかわらず、そうした状況を直視し損ね、効果もなしに現状をほんのわずか修正しようとするだけにとどまり、間違った方向に進み続けるのを許し、失敗したケースがたくさん見いだされる。

先述したように反省性や超越性を欠き、此岸を善の基準とする場合、その善はいきおい心身の

「心地よさ」と結びつく。心的な心地よさは、人間関係の心地よさも含む。そうなるともっぱら人は人間関係の心地悪さを回避しようとすることになる。そうした人々が作りあげるのが上意下達の集団である。「下の人間」は「上の人間」に従う。従うことで、意見の衝突という心地悪さを回避できるからだ。そうして秩序ができあがる。この秩序に適応し、これを維持することが道徳となる。この道徳は超越的真理からではなく、現状秩序から正当性を得る。圧倒的多数の下の人間においては上の人間に従うことが道徳的とされるが、上の人間の過ちを下の人間が問題化しないのは、集団から排除されることを避けるためである。その集団から飛び出ることで被る損失と比較して、集団が正しくなることよりも、集団から自分が得る利益を優先して、自身の意見を述べることを控えるのである。

真理を欠く状況とは

具体的にものを捉えるばかりで抽象的に思考しない人間とは、つまり哲学しない人間である。感覚や感性にたよる人間は、悟性や理性をうまく働かせることができない。このため、日本人はタブー規範を守ることはできても、その正当性について考え抜くことができない。タブー規範とそれに支えられた現状は動かしがたいものと感じられる。

そうした人間に他国の宗教を批判する権利はあるのだろうか。もしそうなれば、それはいわゆる「宗教戦争」の構図そのものができあがる。ある文化のなかに生まれた者が、その文化を肯定し、また他文化を否定して対立するのはあまりに不毛である。いよいよ衝突する局面が迫ってくれば、人々はその危険を察知し、他文化を否定することをやめるであろう。だが、真理なき人間は、それ以上何もすることができない。「行き詰まり」を前に思考を停止する。何も言わずに黙る。危機が過ぎ去るのをじっと待つことしかできない。

超越的真理、あるいは理念の真理がないこの国では、昨今はしばしば「顧客満足度」や「学生の評価」が指標とされる。ここが心地よさを確保するために必要なお金と心理が交わるところだからである。昨今では、これを基準に、私たちの働き方や経済や商業、学びのあり方を含め、ありとあらゆるものが整序される仕組みができあがりつつある。顧客や学生の満足度を基準にしてすべてを整序することがいいことなのか、それは私たちの営みや生活、社会をどう変えることになるのか、そういったことを私たちは十分に、批判的に検討していない。真理がないところでは、人間の感じ方と現状が基準になってしまう。

理念の真理は「その前に襟を正すもの」と言い換えることができるかもしれない。そうしたものがなければ、私たちはすぐに自身の現在地を見失い、現状を基準にし、肯定し、甘んじ、維持しようとしてしまう。状況に合わせることやそこから心地良さを得ることばかりが目的化し、進むべき進路を定めることができなくなってしまう。

真理なき現代の日本では、理念を示唆する「べき」の語り自体が厭われる傾向が見られる。私たちにとっては、理念へ向かって自身を方向づけるということがリアリティをもちづらくなっているのだ。現代人にとって、今達成できないことは、いつまでも達成できないことに思われるようだ。

ここで指摘しておきたいのは、「べき」についての現代人の理解には誤りがあるということである。というのも、「べき」が理念や理想への方向づけである限り、そこには「遊び」があるのだが、現代人はこの点を理解していないように思われるのである。「べき」は、そちらへ「向かう」ことを表現するのであって、今そこに「いなければならない」ということを意味しない。言うならば「should（べきである）」は「must（でなければならない）」とは異なるのである。だが現代人の耳に「べき」はmustとして聞こえるようである。だから今無理だとなれば、べきの語りを容易に聞き捨ててしまう。

真理の基準が超越性の次元に置かれるのか、あるいは内在性の次元に置かれるのかという違いは、聖と俗の配置の違いとしても現れる。キルケゴールの理解では、永遠性やそれと繋がる精神に聖が配置され、時間性や自然に俗が配置される。自然や肉体は、無価値のものではないとしても、それが価値を有するのは、あくまで超越の神に基礎づけられてのことである。これに対して、日本ではしばしば自然そのもののうちに聖性が見いだされる。山や大樹、滝や岩が崇拝の対象となり、また自然のうちに万物の理や基準が見いだされる。もちろん個々の山や森を超える「自然そのもの」や「宇宙」が大いなるものとして感じられ、語られることもありうる。しかし、たとえそれらが高い反省性をもって語られるとしても、そうした思考は大衆のものではない。多くの人々は一貫して感性のレベルで自然に触れ、その聖性を感じてきた。そこから人々が得た知は、黒豆や数の子、海老といったおせち料理の意味づけに典型的であるように「自然との類比」に生活の標準を求めるにとどまった。そこで理解された自然は、歴史性に影響を受けないもの、「古から現在まで」、あるいは未来永劫変わらないものと想像された。それを模倣することで、自分の生活も永続するようにと願うのである。

ここにある問題は、「自然」が世界や社会へと敷衍されることでとてつもなく大きなものとなる。この国では、しばしば、社会秩序もまた自然に模して理解される。先述の自然と結びつけられていた非歴史性がそれらに移され、社会や世のなかもまた、自然と同様に、人間が作りあげたものではなく、常にそのようにあるものとして立ち現れてくる。そうして「現状」がある種聖なるものとして受け止められ、現状にある諸問題が看過されるという事態が生じてしまう。

日本人が「自然」を崇拝するとき、その自然は人間に聖性を感じさせるものでありながら、同時にそれは人間にとって「動かしがたいもの」、「耐えるしかないもの」ともなる。日本人が社会的現状を「自然」と類比的に受け止めるとき、社会は、それなくして生きていられないもの、諸個人の生活を可能にしてくれるもの、その意味でありがたいものとしてポジティブに受けとめられる一方で、同時に、耐えるべきものとしても受け止められるのである。これが、この国で改革が遅々として進まない主たる原因であろう。

こうした問題は、日本人の多くが自然と人間を明確に切り分けることができないことが原因で生じる。人間にあって自然にはない精神というものを確固たるものとして把握できないことによる。

ある次元において自然と人間を一体のものとして捉えることを文化として（あるいは自然科学の認識として）肯定的に捉えるにしても、その次元はどこにあるのか、その他の次元はどこにあるのか、その境目はどこにあるのか、私たちは真剣に考えてみないといけない。本書が考えている人間の尊厳の問題はこうした事柄に関わるものであり、人間論、倫理学を論じることは同時に社会的政治的問題について論じることにもなっている。

先述のように、キルケゴールによれば、現世は決して善そのものではないし、善を実現してもいない。むしろ理想状態から遠くかけ離れたもの、さらには悪を帯びたものですらある。そこは自己愛と欲望にまみれ、隣人愛がいまだ実現せざる世界である。キルケゴールの現状に対する認識は極めて厳しい。キルケゴールが善をなそうと努めるのは、この世に善が実現していないからであり、神によってそうすることが求められているからである。

他方、日本人はキルケゴールのように考えて善をなすのではない。先述したように、日本人が道徳的であろうとするのは、世界が整っていると思うがゆえであり、それを乱してはいけない、変形させてはいけないと思われるがゆえである。日本人にしてみれば、世界は基本的に善い状態にあるのである。そこには、善くない状態にある世界を善い状態に転じなければならないという論理はない。この道徳は、世界が善い状態にあることを前提として、それを守るべく働くものだから、世界が善い状態にないときにはうまく働きづらい。

超越性のないところでは内在性がすべてになる。内在的な日本人が最も恐れるのは、超越神の前に非真理であることではなく、周りの人々による排除や制裁である。周りの人々の評価がすべてとなるから、彼らに評価されるべく努めることになる。そうなるといきおい集団が個人に優越する。キルケゴールが単独者に認めた普遍性に対する優位など、考えることもできない。

個人に積極的な価値や尊厳が認められないところでは、言うまでもなく集団主義や全体主義が蔓延ることになる。キルケゴールは、人間が基準となり、実際にはマジョリティの人間が基準となり、それが抑圧的に働く現象を「人間恐怖」と呼び、問題視した。「ここ〔デンマーク〕でも他国でも共産主義は人間の権利のために戦っている。よろしい、私も戦っている。私は人間恐怖の専制に対して全力で戦っている」[*38]。神が不在となれば、人間がすべてとなる。人間が神にとって代わると、人間は横暴になる。多数派が形成する基準に全員が合わせなければならなくなる。多数派が「しかるべき人間」だということになるからである。

キルケゴールは、そうした状況は超越の神が消失することによってできあがると考えていた。各人が神の前に進み出る単独者であれば、裁くのが神であって人間でないことを理解するだろう（とはいえキルケゴールは、神の本質を「裁く」ことよりも「愛する」ことに見いだしていたから、神に対する恐れは神の愛によって昇華されることになるのだが）。人間の、あるいは自分の正義がごく不完全なものであることを理解するだろう。だが神に関わる単独者がいなければ、そうした状況はありえない。もしキルケゴールが現代日本を訪れたとすれば、おそらく彼は人間恐怖の状況を見てとったのではないかと思われる。

内在的人間は、人々の信用を失うことを最も恐れる。それによって「悪いこと」をするのを思いとどまるのだからそれは必要なものだと考え、そこに問題を認めない人もいるかもしれない。しかし裏を返せば、これは、人々の信用を失うこと以上に恐れるものが何もないということでもある。信用が失われる心配がないところでは、人はかなりなことができてしまう。

この世の善と救済

この世の善は、人の必要を満たすものである。しかしこの善は人間の魂を救済することはできない。というのも人間の魂は、時間的なものだけでなく永遠なものをも含むからである。人間の魂を救済することができる善は、この世の善悪の彼岸になければならないものである。キルケゴールは内在的な善と超越的な善を峻別し、この世において可能な援助や支援と宗教的にのみ可能な救済とを区別する。周知のように、近代期には、それまで宗教が担っていた「救済」の一部が、実際に政治によってこの世で実現されるようになった。政治が人権を保障し、身分差を取り払った。しかしキルケゴールは、政治的救済がすべてだとは考えない。政治的救済が可能であり、それ自体必要なことだと認めながらも、それとは別に宗教的な救済も必要であり、可能であると考え、区別しつつ両者を残すのである。この世的救済は政治によってなされるべきである。だが人間は神に代わって自分や他者の魂を救済することはできない。

キルケゴールは、この世を差異の世界と捉えている。差異の世界のなかで、人は時に優れたものを手にしたり、優れたものと認められたり、優れた生活を送ったりする。同時に時に低劣なものを手にし、低劣なものと認められ、低劣な生活を送る。後者の不幸を思うとき、人は万人に前者が与えられるべきだと考え、また与えようとする。あるいは優劣の区別をやめるべきだと考え、また実際にやめようとする。

しかしこれを完全に徹底することは可能であろうか。必ず恵まれた者と恵まれない者がいるのではないか。例えば、早くに親を亡くしてしまった子どもがいるだろうし、他方には、親に可愛がられて育つ子どもがいるだろう。例えば、障がいがあって生まれてくる子どももいるだろうし、他方には、五体満足で生まれてくる子どもがいるだろう。そうした差異から生じる不幸を解消するにはどうしたらいいのであろうか。万人に同量の幸福を配分することはどのようにして可能であろうか。幸運に恵まれた者はそれを手放すべきであろうか。親を亡くした子や障がいがある子には何を与えればいいのであろうか。

それらの差異を消すことはできない。だから、差異を消すことによってではなく、それ以外の仕方で私たちはこうした不幸に応じなければならない、そうキルケゴールは考える。

幸運な者は不運な者を前に、その幸福を投げ捨てる必要はない。健康な肉体を傷つける必要はないし、親を棄てるべきでもない。恵まれた者はその恵まれていることを理解すればよい。しかし同時に、恵まれない者がいることも理解し、彼らを慮らなければならない。恵まれない者は、恵まれた者を恨むべきではない。そうした恨みは決してこの世では癒やされない。死ぬまで恨み続けることになる。恨むことに人生を費やすべきではない。そしてまたその人生を取るに足らないもの、無価値のもの、あってもなくてもいいようなものと思うべきではない。恵まれた人間を引きずりおろして、恵まれない人間と「平均化」することによってではなく、その差異を超える方法を見つけなければならない。

恵まれない者の気持ちを恵まれた者が完全に正確に理解することはほとんど不可能である。それを求めることが不可能であることは、恵まれない者こそがよく理解しているであろう。しかし自分の命や生活は、取るに足らないものでも、無価値でも、あってもなくてもいいようなものではない。それが恵まれた者のそれと同じように尊いものであることを神は認め、その命を祝福してくれている。そう信じることで魂は救済される。このようにして、超越の善は、相対的なこの世の善とは別の仕方で働くのである。

ありうべき赦し

内在の世界がすべてではないという議論は、解釈ないし「物語」の未完結性としても理解することができる。「愛ある者は、他の者が決裂と呼ぶ関係について、それはまだできあがっていない関係だと表現する」[*39]。過去から現在へと続いてきた物語は、現在において完結したかに見えても、そこで完結したわけではない。一見してそのように思われても、次の瞬間に新たな展開が続く可能性がある。物語が未完結である限り、それまでの物語についての解釈も確定しない。それも書き換えられる可能性があるからだ。この物語の非完結性は神がいることで希望の原理となる。すべてが「終わった」と思う人間に対して希望の可能性を開き、絶望から救うことができる。確定したと思われた不幸によって人が窒息するのを防ぐことができる。内在の世界のうちでも時間が続く限りそれは可能であるが、超越の世界がある場合は、たとえ死によってこの世での物語が終結した場合であっても、物語は続く。

この議論はまた「赦し」の可能性とも連動している。ここで言う赦しは、この世では決して許すことのできない犯罪や悪に関するものである(ここで「許す」は「許可する」「容認する」の意味で用い、「赦す」と区別する)。それらは決してなされてはいけないことである。この世には法があり、悪は法によって裁かれる。誰かに損害を与えれば、それを償わなければならない。しかし実際には「償う」ことが不可能なこと、償われずに終わってしまうことがたくさんある。償うことは「原状を回復する」ことによって果たされるが、命を落としてしまった場合や、適時が過ぎ去ってしまった場合、不可侵であるはずの尊厳を傷つけられた場合など、元に戻すことができないケースが少なからずある。いくらお金を積んだところで、あるいは罪を犯した者を死刑に処したところで原状は回復しない。許し得ないものは許し得ない。許すこと、容認することは不可能である。許すことはそれを「してもいい行為」にすることだからである。

それにもかかわらず、損害を被った側も赦せるものなら「赦し」たい。そうすることで相手を苦しみから解放し、自身も苦しみから解放されたい。赦すことを渇望する。人間は内在の法と権利の枠組みを超えて、赦しを必要とするのである。人間に不可能なこの赦しを可能にするのは超越の神しかありえない。キルケゴールはこの赦しについて次のように述べている。

罪の赦しとは、神がすべての責めを一気に消し去るだけでなく、そのすべての帰結も無きものとしてしまうというような、そのようなものではありえない。そのように求めることは現世的な願望にすぎず、責めとは何であるかを正しく知らないのである。赦されるのは責めだけであり、罪の赦しはそれ以上のことには関わらない。[*40]

神といえども、罪をなかったことにすることはできない。あるいはなかったことにしない。罪をなかったことにすれば、神と人間との赦し－赦されの関係も消えてしまうからである。キルケゴールは、あくまで人間を自由と考える。神との関係においてもそうである。後述するように、愛のためには人間は自由でなければならないからである。人間は自分の生き方を自分で決めることができる。神の意思に沿って生きることもできるし、そうしないこともできる。人間を自由としなければならない以上、神は人間が罪を犯す可能性を無にはできないのである。罪が犯されないようにすることができない神には、犯された罪に赦しを与えることしかできない。神は罪を犯した者を苦しめる「責め」だけは取り除く。それが神の赦しである。

単独者にとっての他者

右に見たように、キルケゴールにとって真理はこの世の原理を超越するものだった。信仰者にとって真理は神のみであり、この世のすべてのことはそれに無限に及ばない。信仰者はこの超越の神に帰依する者だった。しかし人間は超越の神を思って終わりではない。この世のこと、すなわち人間との関係が消え去るわけではないのである。超越の後には回帰の運動が続く。

すなわち、キルケゴールは二段構えで考えている。第一段階は超越の神に関わる超越の運動である。そしてその後に第二段階の運動、すなわちこの世に回帰する運動が続く。これにより、信仰者が愛する対象は神だけでなく、人間にもなる。「キリスト教の愛は責任の憂慮、つまり他者に対する関係にある責任によってこそ見分けることができる」[*41]。このように信仰者は単独者であるが、それは他者関係を拒否する者ではなく、一人の人間として他者に向き合う者である。他者に対してどう振る舞うのが責任ある人間なのか、自分の振るまいに落ち度はないか、常に思いをめぐらすのが単独者である。

キルケゴールの言う単独者を自閉的なものと解するのは誤解である。同様にキルケゴールの内面性概念を実践を軽視するものとして理解するのも誤りである。確かにキルケゴールは内面性を重視するが、それは内面性のうちに自閉するためではない。むしろ内面性が十分に熟したときに、それは行為として現れると考えられているのであり、その展開を前提としながらキルケゴールは内面性を徹底せよと言うのである。

彼がこうして現実に見えざる者を愛しているということは、彼が見ている兄弟を愛しているということによってこそ知られるべきである。見えざる者を愛すれば愛するほど、彼は見ている人々を愛するであろう。その逆に、彼の見ている人々を拒絶するほど、見えざる者を愛しているということにはならない。というのもその場合、神は非現実的なもの、一つの空想に変えられてしまっているからである。*42

このようにキルケゴールは、信仰が現実生活からかけ離れた内面性や心のうちだけの「空想」になってしまわぬようにと戒める。*43 キリスト教信仰は隣人を愛するもの、この世の悪に苦しむ者に手を差し伸べるものである。人間を助けるのは神やキリストだけに任されるものではなく、信仰者もまた苦しむ者に手を差し伸べるものでなければならない。

キリスト者はこの世は悪のうちにあると教えるが、この世を諦めるのではない。この世がよくなり、善が来たるよう彼の持っているものを捧げようと全力で努めるのである。*44

前述したように、この世には無数の悪がある。キリスト教の超越の真理はそれらをはっきりと照らし出す。しかしそれは世界に対して「ダメ出し」して終えるためではない。そこから超脱するためではない。むしろ回帰の運動をすることで、善をもってこの世の悪を正そうするのである。それをなすのは神とともに働く人間である。

人はしばしば悪に満ちたこの世に絶望する。どうしてこんな世界が存在するのかと嘆く。だがキルケゴールによれば、そもそもこの世界を善の世界だと前提するのが間違っているのである。人間は自然的に善いのではない。むしろ「人間になる」前の自然的人間は悪なのである。少なくとも絶対的善を欠いている。世界を悪にしているのは神ではなく、人間である。

キルケゴールによれば、人間は善の世界で生きているのではなく、悪の世界に善をもたらすために存在しているのである。

第二章　人格とは何か

最も深いところにある混乱は以下である。人格を用いるということ、自身に人格を認めるということ、人格へと到達するということはどういうことなのか、〔人々が〕大間違いをして、非キリスト教にしか理解していないことである。[*1]

本章では、キルケゴールの人格論に注目したい。というのも以下で見るように、「人間の尊厳」、あるいは「個人の尊厳」を根本で支えているのが人格についての理解だからである。人格についての理解が定まらなければ、個人の尊厳も人間の尊厳も空語となってしまう。そしてまたこれが我が国における現代の状況であるようにも思われるからである。

ここで人格と訳したPersonlighedという語は、これまでしばしば「個人性」や「個性」と訳され、その形容詞形のpersonligは「個人的」や「私的」と訳されることもあった。文脈によっては、それでも意味が通るケースがあるが、しかし原義はやはり人格（的）である。以下に見るように、そこには人格というものについての確固たる理解があるのであり、「個人性」や「個人的」あるいは「私的」と訳してしまうと、そこにある人格思想が見えなくなってしまう。それにもかかわらず人格が個人や個性と訳されてきたことには、訳者のみならず日本人一般の人格に対する無理解があったものと思われる。そうしてキルケゴール思想は極端な個人主義などと誤解されてきたのである。そうした誤解から脱却するために、そしてまたそこにある人格思想に学ぶために、本章ではキルケゴールの人格概念に集中的に光を当てたい。

第一節　人格の生成と発展

実存の三段階とイロニーとフモール

キルケゴール思想の簡単な見取り図が示される場合、しばしば、美的実存、倫理的実存、宗教的実存という三段階から成る人間の発展論として解説される。これについて実際、『後書き』においては次のように述べられている。

三つの実存領域が存在する。つまり美的領域と倫理的領域と宗教的領域である。これらには二つの境界領域が付属している。イロニーが美的なものと倫理的なものの間にある境界領域であり、フモールが倫理的なものと宗教的なものの間にある境界領域である。[*2]

ここに言われているように、実存の三段階論は誤りではないが、より詳しくは、美的実存と倫理的実存の間でイロニーが働き、倫理的実存と宗教的実存の間でフモールが働くというふうに言われている。従来においてはしばしばイロニーとフモールが看過され、あたかも人間は美的、倫理的、宗教的、いずれかの実存を生きているかのように解釈されたり、実存段階間の移行は突発的な「飛躍」や「決断」によってなされるなどと解されてきた。だがいずれも正しくない。常に自己を形成するのが人間であるという点からすれば、人間が美的実存や倫理的実存、あるいは宗教的実存にとどまるということはありえないのであり、むしろ人は、倫理的実存を獲得するためにイロニーのうちに実存し試行錯誤し、宗教的実存を獲得するためにフモールのうちで実存し試行錯誤するのである。運動としての実存を捉えるためにはむしろ、イロニーやフモールに注目しなければならない。

実存の三段階説が意味するのは、人間の実存が美的実存、倫理的実存、宗教的実存と順を追って発展するという人間理解である。これに関しては一つ注意が必要である。それは、美的実存や倫理的実存というときにキルケゴールが考えているのは、決してキリスト教を信仰するに至る前の「無宗教／無信仰の人間」ではないということである。この点は、とりわけキリスト教の伝統がない我が国においてしばしば誤解されてきた。だがそうではない。キルケゴールは、国民の全員が国家教会に信徒として登録されるキリスト教社会に生きていた。外国人やユダヤ人など一部の例外を除き、そこにはキリスト教徒ではない人間は存在しなかった。みなが洗礼を受け、堅信礼を受け、教会で結婚し、教会で埋葬される社会にキルケゴールは生きていた。こうした背景があり、確かに美的人間は美的なものに最高の価値を見いだし、それを求めて生きる人間を指すのだが、実際には彼もまたキリスト教徒であり、キルケゴールの用語法では、そのキリスト教理解が美的な人間、美的に生きるキリスト教徒を意味するのである。同様に、倫理的人間は倫理的なものに最高の価値を見いだし、倫理的に生きる人間を指すが、実際にはそのキリスト教理解が倫理的なキリスト教徒を意味する。美的人間も倫理的人間もともにキリスト教徒として考えられているのである。

本節ではまず、美的実存からイロニーへの移行について詳しく見る。注目すべきは、イロニーのうちで人格が立ち上がるという点である。

最初の美的人間は直接的なあり方をしている。この直接性の人間は、意識を自己のうちへと折り返すことができず、その意識は直接的に外的世界へと向かうのみである。自分と世界が切り離されておらず、自己を見つめる、自己に関わる、自己を形成するという再帰的な運動をすることができない。自己をいまだもたない美的人間において、精神は利那利那の気分のうちにまどろんでいる。

美的な後戻りが人格に関わる際の享楽を美的に表現するのが気分である。つまり人格は気分のうちにあるのだが、それはまどろみつつ存在している。だから美的に生きる者はできる限り気分のうちにどっぷり浸ろうとする。彼は気分のうちにすっぽり隠れようとするから、彼のうちには気分のうちで折り合いをつけることができないものは何も生成してこない。というのもそうした休息は常に混乱していて、その持続性は彼を引き戻そうとするからである。人格が気分のうちでまどろむほど、個人は利那のうちにあることになる。そしてこれが美的実存の最も正確な表現である。彼は利那のうちにある。[*3]

美的人間は利那に生きる。彼（女）には持続性がない。利那利那で世界を眺め、反応し、（精神ではなく）心を動かされ、気分のうちに存在している。彼（女）は、世界を味わうため、楽しむために生きている。これに対しイロニカー（イロニーの人）の意識は直接性のうちにはもはやない。美的実存を脱したイロニカーは、美的な人間に対して精神の優位を感じてもいる。

なお、キルケゴールがコペンハーゲン大学の哲学部に提出したマギスター論文のタイトルは『イロニーの概念について』であった。キルケゴールはそのなかでソクラテスなどの古代の哲学者たちやロマン主義者たちがイロニーをどのように理解していたのか考察した。しかしキルケゴールにとってイロニーは単に「学位をとるための研究」の主題ではなかった。そうしたものではまったくなく、キルケゴールにとってイロニーは自身の実存の問題であった。彼はキリスト教を信じる者であった。そうした者にとって否定の運動であるイロニーは、そのキリスト教の真理性をも否定するもの、信仰を揺らがせるものでもありえた。どうしてキルケゴールはわざわざイロニーの研究をしたのかと言えば、それは、彼のうちですでに否定性が運動しはじめていたからである。彼自身、イロニーを容易に却けることができなかった。そうである以上、イロニーを何らかの仕方で克服、処理しなければならなかったのである。彼は、論文を執筆しながら、実際に自らの実存においてイロニーの否定性と格闘していた。

イロニーが現存在の全体に敵対しているのをよく見ると、イロニーはここでもまた本質と現象の対立に、内的なものと外的なものの対立に固執しているのがわかる。今やイロニーは絶対的な否定性として、懐疑と同じものになっているように思われるだろう[*4]。

ここで言われているように、キルケゴールはイロニーを「絶対的な否定性」として理解した。この否定性はまず現状に向かう。それは、本質と現象がずれていることを発見することから生起するものである（キルケゴールにとって最も重要だったのは、当時のデンマークに現象していたキリスト教社会がキリスト教の本質を体現していないという事態であった）。現象レベルで世界を享受するだけの美的人間は物事の本質を捉えることができない。したがって現象と本質とのずれを認識することができない。だがイロニカーはこれと異なる。イロニカーは、この世界には諸現象が立ち現れているが、それらは本質やイデーを不完全な形でしか体現していないことを洞察する。イロニカーは、この世界で真理とされているものが真理を体現していないこと、すなわちこの世界における真理の不在を常に意識しているのである。その絶対的否定性により、イロニカーは何をも讃美しない。

この見せかけの真理を否定するイロニーによって、主体性、および人格が形成され始める。「イロニーは、無限的かつ絶対的な否定性というその特性において、主体性の最も移ろいやすく最も弱い現れである[*5]」。「イロニーはつまり自己自身のうちへと立ち返る、これは人格の特徴である[*6]」。ここに言われているように、イロニカーは再帰性を伴うようになる。外的世界へと向かった目を、自分の方へと向け直すことによって、イロニカーは人格を獲得する。とはいえ、イロニーによって立ち上がる人格はいまだ否定的であるにとどまり、真理という積極的内容を欠いている。世界との関わりにおいて真理を見いだすことができないイロニカーは、いまだ空虚な人格しか備えていない。イロニカーは世界から自身のうちへと真理を持ち帰ることはないから、その人格は、浄福へ至るはるか手前にある。内容を欠いた、単に形式的な人格を打ち立てるにとどまるのである。

イロニー論の結びで、キルケゴールは、イロニーが次の倫理の段階へと進むプロセスについて書いている。それはイロニーを統制するということである。[*7]「イロニーが統制されるなら、その働きはこの上なく重要である。それによって人格的生が健康と真理を獲得することができるのだから」[*8]。イロニーの否定性は無限と形容されるように際限がない。イロニーはいわば荒れ狂う否定の運動である。イロニーは現実を避け、可能性ばかりを追い求めてしまう。現状が理念を体現するものではないことを洞察する点でイロニーには積極的な意義があるから、これを廃棄することはできない。したがって、人はイロニーを廃棄するのではなく統制することを目指さなければならない。人はイロニーを統制することによって、次なる段階へと進んでいくことができる。

イロニーから倫理へ

人格が産声を上げるのがイロニーだとすれば、その生まれた人格がよりいっそう確固としたものとなるのが倫理という事態である。「人間のうちなる美的なものによって彼は直接的にそうであるものであり、倫理的なものによって彼がなるところのものになる」[*9]。自己や人格を獲得する前の美的人間は、いまだ「なる」前の、ただ直接的に「ある」だけの人間である。それに対し倫理的人間は「なる」人間である。この実存の生成の消息を、キルケゴールは「選ぶ」という語を用いて表現する。

しかし何を選ぶのか。しばしば誤解されるが、キルケゴールが「選ぶ」というときに念頭に置いているのは、何を食べるか、何を着るか、どの会社に就職するか、誰に投票しようかといった様々な外的な事柄に関する選択ではない。「人格の中心は自己自身のうちにある」と言うように、人が自己自身を、あるいは自己自身となることを選ぶことを指すのである。

> 選ぶ最初の瞬間は、人格は、いわば母親のお腹から出てきた赤ちゃんのように丸見えである。次の瞬間、人格は自己自身のうちで具体的になる。その人間がこの点では変わらないと言うのは恣意的な抽象によってのみ可能である。彼は重要でない性質にいたるまで以前とまったく同じ自己自身になる。だが彼は別人になるのだ。というのも選ぶことはすべてを貫き、すべてを変化させるからである。こうして今、彼の有限な人格は、彼が自己自身を無限に選ぶその選ぶことのうちで無限化される。[*10]

外的諸事物ではなく自己を選ぶことによって、人間は人格になり、人格というものを知るようになる。それまではあることも知らなかった人格が無限の価値を有するものとして認められることになる。あれやこれや個別のことが変化するのではなく、世界に向き合う自分という精神の在り方が変わるのである。

アルキメデスの点

自己自身を選ぶことによって、自身のうちにある「永遠な力」を認めることができるようになる。永遠性を認め、人格が永遠の価値を有することを認める人間は時間性のこの世に対峙し、それ以上の価値をもつものとなる。「人格が絶対的なものであるとき、人格はそれ自体アルキメデスの点である。それによって人は世界を持ち上げることができる」[*11]。人間にとってこの人格の生活こそが現実である。それは主観的な幻想でも空想でもない。むしろ倫理の立場からすれば、空想のうちに生きているのは「アルキメデスの点」たる人格を知らず、それを欠き、世界に埋没している美的人間の方である。

この永遠の力の根源には神がおぼろげながらにも姿を現しつつある。ここで自己自身を「選ぶ」という人間による純主体的な行為は、後に、神から自己自身を「受け取る」という他者との関わりにおける行為として理解されるようになっていく。キルケゴールは、人格が確立する場面について、次のように美しく表現している。

一人の人間を取り囲む一切が静まり、星が輝く夜のように荘厳となり、その魂が全世界のうちでただ一つになるそのとき、その魂の前に現われるのは偉大な人間ではなく、永遠の力そのものである。そのときまるで天が割れるかのように、〈私〉が自己自身を選ぶ。より正確に言えば、〈私〉は自己自身を受け取る。そのとき魂は、死すべき眼には見ることのできない、決して忘れることのできない至高のものを見たのである。そのとき人格は永遠に有効なナイトの爵位を授与される。彼は以前とは別のものになるのではなく自己自身のままである。意識は統一され、彼は自己自身である。［…］ここで語られているのは選ぶこと、そうだ、絶対的に選ぶことだ。絶対的に選ぶことによってのみ人間は倫理的なものを選ぶことができるのだから。[*12]

この一節は、自己自身を選ぶことによって人格が確立するという倫理の消息を描いているが、同時にまた、この確立した人格がさらなる充実へと進んでいく可能性も示唆している。

懐疑と絶望

この充実はキリスト教信仰のうちで達成される。その詳細は以下で見ることになるが、その前にまずここで、倫理とキリスト教が不適切な形で融合してしまうケースについて観ておきたい。というのも、『あれかこれか』に登場する倫理的人間、ヴィルヘルム判事が提示する倫理がそれに当たるのであり、そしてまたそれは、当時のデンマークというキリスト教社会が善しとする（とキルケゴールが理解した）タイプの人間だったからである。[*13] キルケゴールが創作したヴィルヘルム判事は、当時のデンマークというキリスト教社会の多くの人々が模範的と認めるであろう倫理的人間であった。

キルケゴールにとって倫理が問題になるのは、主として以下の三つの文脈においてである。

㈠キリスト教社会のうちに実現している市民道徳としての倫理。これは、単独性の真理を理解しない普遍性の倫理であり、キリスト教の超越性を捉え損ねることで、キリスト教と倫理を溶け合せてもっている。㈡自己を見いだし持続的に自己に関わり形成する倫理。美的実存からの脱却。

㈢隣人愛によって実現されるキリスト教倫理。

判事において問題となるのは三の意味での倫理ではなく、㈠と㈡だけである。とはいえ、判事は㈡を語りはするが、その実存は㈠にとどまっている。一見して、判事はもはや美的な人間ではなく、倫理とキリスト教を兼ね備えているように見えるが、その実、彼は単独性のことも超越性のことも理解しておらず、倫理の本質もキリスト教の本質もともに捉え損ねている。判事は、倫理的なものを普遍性と結びつけて語るのだが、彼が理解しているのは普遍性というよりもむしろ一般性でしかない。なぜなら判事の倫理は、キリスト教社会において模範とされる市民道徳にとどまるからである。単独性も超越性も解しない判事のなかでは、キリスト教と倫理の間に緊張関係は存在しない。判事の生活は、此岸において充実を得てしまう。

判事にあるのは「文化化」したキリスト教である。キルケゴールはヘーゲルのうちにもこうした先鋭性を喪失したキリスト教思想を見いだしていた。「ヘーゲル哲学は倫理を何ももっていない。

〔…〕生きた人間がヘーゲル哲学の助けをかりて自分の人格的生のなかで自己を理解しようとするとき、誰でも極度の混乱に陥るのはそのためである」[*14]。キルケゴール思想とヘーゲル思想は精神の弁証法を用いる思想として類似するところもあるが、キルケゴールにしてみれば、ヘーゲルは判事と同様に人格を備えるにいたっておらず、当然倫理の本質もキリスト教の本質も捉え損ねている。そこには倫理の単独性やキリスト教の超越性についての認識が完全に欠けている。

超越性を理解しないヘーゲルは、その人格論をその内在哲学によって語ろうとし、「哲学は信心深く〔Erbaulich。建徳的で〕あろうと欲することを戒めなくてはならないのである」[*15]と述べて、キリスト教的「建徳」を廃そうとする（建徳については第三章で扱う）。ヘーゲルはキリスト教を誤りとするのではないが、それを人間性、あるいは内在哲学の論理のうちに回収してしまう。この点で、人間性と神性を峻別し、あくまで超越性としてキリスト教を理解するキルケゴールとは相容れない。いまだ人格を備えていない美的人間は、思考の問題と人格の問題の違いを理解することができない。キルケゴールによれば、懐疑と絶望はどちらもネガティブな現象であるが、前者が思考の現象であるのに対し、後者は人格の現象であり、両者は異質なものとして明確に区別される。絶望は、人格形成が滞るために生じるのであり、整合的に思考し損ねることによって起きるのではない。人格形成という作業は、懐疑を経て思考し、真理の体系を構築する作業とは別のものである。

懐疑し、思考を洗練するのはもちろん悪いことではない。だが、それをもって人格形成に代えることはできない。

幾人かの仮名著者による著作で、絶望について語られるべきところで、近代哲学は混乱して懐疑について語っていると指摘された。このために学問においても生活においても、人は懐疑を統御することも管理することもできなかったのである。これに対し〈絶望〉は、人格の規定（単独者）のうちに、倫理的なもののうちに関係を導入することによって、すぐさま正しい方向を指し示す。[*16]

絶望について、つまり人格について語るべきところで、近代哲学は懐疑について語ってしまう。人格の視点が欠けているからである。こうしてキルケゴールはヘーゲルについて次のように言う。「ヘーゲルは哲学教授だが思考する者ではなかった。さらに言えば、彼は生に感銘を受けることのなかった、とても軽薄な人格だったに違いない。しかし彼が非常に卓越した教授であることを私は否定しない」。[*17] キルケゴールはヘーゲルを哲学研究者として評価することはできても、人格の思想家として評価することはできなかった。

人格と責任

精神は「それ自身に関わる」ことで人格となる。人格を備えうるように人間を創造したのは人間ではなく、神である。だから私たちは、人格を備えた存在になる責任をまずもって神に対して負っているとキルケゴールは言う。

『死に至る病』で「罪とは絶望である」と言われるのは、こうした神と人間の関係から理解できる。神に対して適切に関わっていない人間の状態が罪である。そして罪について次のように言われる。「罪こそが無条件的に孤立させるものである。私の罪はただただ私にだけ関わるものであり、最も深い根本において私の人格に関わるものである」[*18]。キルケゴールによれば、神に関わる以前の人間は、罪の状態にあって孤立しているのである。たとえ社会生活をつつがなく送っていても、精神的に孤立しているのである。信仰に入る以前の人間が孤立しているというのは、すなわち、人間は信仰へと一人で入っていかなければならないということも意味する。キルケゴール思想が単独性を強調するのはこのためである。キルケゴールは孤立しろと私たちに説いているのではない。私たちはすでにその罪において精神的に孤立しているのだから。キルケゴールが私たちに言うのは、むしろ、私たちが孤立している状況を直視しようということ、そして以下で述べるように、罪を脱して信仰に入りなさいということ、孤立から脱して普遍性の人間平等を達成すべく生きるようになりなさいということである。それが人格となるということの意味であり、また他者の尊厳を認めてこれに関わるようになるということである。

人間は他者のためにたくさんのことをすることができますが、他人に信仰を与えるということはできません。[*19]

各人は信仰のない罪の状態から信仰へと入っていく。その場にいるのは単独者である〈私〉と神だけである。他の人間たちはそこに居あわせない。それが単独性の状況である。単独者が神との関係に入るということが信仰を得るということである。

ここにも言われるように、それ以外の場面について言えば、もちろん人は他者に対しいろいろなことをしてあげることができる。物を与えることもできるし、お金をもっていればそれを与えることもできるし、様々なことを教えてあげることもできるし、一緒にいてあげることも、話を聞いてあげることもできる。まさに枚挙に暇がない。だがそれは信仰獲得の文脈では意味をなさない。信仰を得るためには当人が一人で神に向かうしかないのである。

しかしながらキルケゴールによれば、この単独性の状況は何ら嘆かわしいものではない。むしろそれは「素晴らしい」ものである。どうしてか。

> 信仰には、誰も信仰を他者に与えることができないという、新しい素晴らしさがあります。むしろ人間のうちにある最高のもの、最も高貴なもの、最も神聖なものは、各人がもっているものです。それは各人のうちにある根源的なものであり、誰でももとうと思えばもてるものです。このような条件のもとでのみ信仰がもたれうるということ、これがまさに信仰の素晴らしさなのです。[*20]

ここに読むことができるように、人間の単独性が意味するのは、「人間のうちにある最高のもの、最も高貴なもの、最も神聖なもの」を「各人が」もっているということである。

私たちの主題に即して言い直せば、私たち一人一人が人格となる可能性を有しているということである。互いに尊厳を認め合う可能性を有しているということである。単独性の状況がなければ、ある集団の人々はその他の集団の人々よりも人格や尊厳に近いということになろう。だがそこには各人の平等はない。

個人の文化と集団の文化

日本にはこうした個人の文化はない。むしろこの国にあるのは、その対極の集団の文化であろう。この文脈でよく語られるのが、「和を以て貴しとなす」という言葉である。この国ではこの言葉がしばしば持ち出され、「和」が最高原理とされる。もちろん衝突や争いがない方がいいことは言うまでもない。

しかし実はこの言葉は、儒教のもともとの文脈では、「和して同ぜず」とあるように、諸個人が「同じ」存在となり、同調することを善しとするものではなかった。そこでは、みんなと同じくなろうとするのはむしろ徳なき「小人」である。「君子」であれば、自分と「違う」人間とも衝突せずに有益な対話をすることができるはずである。儒教はそうした理想を語っていた。だがこの国ではこの理想はよく伝えられず、単なる同による現状肯定だけが残った。

そうして日本人は集団や党派に帰属し、他の構成員と一体化し、安心する。集団に帰属すると、「答え」が見つかったと感じる。多くの人間は、それ以上答えや真なる認識を探求することはしない。そこで思考が停止する。あるいはある枠のなかだけで思考が進む。

集団に帰属する個人と集団とでは、当然集団が優位する。それは教室かもしれないし、会社かもしれないし、国家かもしれないし、国際機関かもしれない。いずれにしても、単独性なき個人は、集団のもとに従属し、それが下す判断を批判的に検討しない。真理は自分ではなく集団の方にあると想像されるのだから。

第二節　人格神との関わり

「人格神」信仰

キルケゴールの信仰は「人格を備えた神」の存在を信じるものであった。[*21]「信仰とは人格の人格に対する関係を表現するものである」と言うように、人間と神はともに人格を有し、その人格を介して関わり合う。[*22]もし人格というものがなければ、これまでに述べてきたような神と人間の関係は不可能になってしまう。人格と人格の関係がそこにあり、それによって人は自らの生を方向づけて生きることができる。少し長くなるが、神の人格について詳しく書いた一節をここで読みたい。

宗教と啓示は、神の絶対的人格というイデーを前提にすることによってのみ可能である。このイデーのうちでは神は絶対的実体としてのみならず、無限に自由な主体としても認識される。この主体は、その無限の実体性において自己自身を知りかつ意志する、さらに彼自身とは現実的に異なるものとしての世界に対する自由で創造的な関係のうちに立っている。自己自身に対して明らかな神だけが人間に対して自らを啓示することができる。そして自身の永遠な現存在を無限に肯定し意志する神だけが、人間における現存在を意志し、彼との宗教的な関係に入ることができる。もし神が人格的でないとしたら、人間の人格はいまだ解消されておらず解消されることもない矛盾であっただろう。というのも人間の知は、それによって自身を知ることのできる知のうちにのみ真の内容を見いだすのであり、人間の意志は、それによって自身が意志される意志のうちにのみ真の目的のみを見いだすのだから。したがって宗教と啓示の体系は、人格の体系として示される。人間の人格の否定を含む神的な人格の否定は、その最深の根源において、宗教と啓示の概念を止揚してしまう。[*23]

ここにはキルケゴールが理解し、信仰するキリスト教が啓示宗教であることがはっきりと書かれている。啓示された現実に即したキリスト教は人間が自身の力で作りあげる単なる観念とは異なるということである。神はキリストにおいて人間となってその姿をこの世に現した。それが啓示ということである。新約聖書はキリストの生涯を現代に伝えている（とキルケゴールは考えている）。またキルケゴールは神を「絶対的」と形容しているが、これは神は何か他のものに従属しない、あるいは影響を受けないという意味である。「絶対的な自由」をもつとされているように、神は私たち人間とは異なり、意図したことを実現し損ねるということがない。望むことはすべて実現する。

またここでは神に知と意志も帰されている。この知は単に対象を知るだけの知ではなく自己自身を知る知であり、神の意志は単に世界を対象とする意志ではなく自己自身を対象とする意志でもある。もし神の存在が神の意志によるのでなく、神以外のものの意志によるのであれば、神は絶対的なものではなくなってしまうであろう。だが神は単に自己自身を知り、意志するだけではなく、人間を含めた世界をも知り、意志する存在である。神が世界を創造したということはすなわち神が世界を意志したということである。つまり神は人間の存在を欲したのである。「無から創造する神は全能であり、無を手にとって「なれ」と言います。神は愛に溢れ〈さらに私にとって何ものかになれ〉と付け加えるのです。神の全能さえも愛の力のうちにあるというのは何と素晴らしい愛でしょう！」[*24] 神は人間を創造した。しかも自分にとって価値あるものとして、すなわち愛する対象として人間を創造した。そして神は人間を愛するだけでなく、人間にも愛する能力を与えた。人間は、人間を愛する神を、愛し返すべく創造されている。愛は一方向的なものではない。愛はその本質において相互に愛し合うことである。この相互性が愛の本質である。神と人間が人格的に関わるということの意味はここにある。

神は確かに人格的である。しかしここからはまだ、神がそのままあなたに対して人格的であるということは帰結しない。〔…〕神はあなたとの関係において人格であろうとしているが、これは神の恩寵による。もしあなたが神の恩寵を失えば、神はあなたに対して客観的に関わることによってあなたを罰する。その意味で、世界は（すべての証明にもかかわらず！）人格的な神をもっているのではないと言うことができる。*25

人間は神に関われるように神によって創造されているのだとしても、人間が神に関わることは人間に委ねられていることであり、神によって定められていることではない。

聖書には「私たちが愛するのは、神がまず私たちを愛してくださったからです」とあるが、人間は神を愛し返すこともできるし、愛し返さないこともできる。*26 もし必然的に愛することしかできなければ、それは愛の本質を裏切ってしまうがゆえに、愛は不可能だということになる。愛と自由な意志は不可分なのである。

キルケゴールが重視するのは、キリスト教についての知識ではなく、それとは区別される、人間のキリスト教への関わりである。キリスト教は、人格に定位した宗教であるがゆえに、人格の次元を捨象して、単に客体として扱うことができないのである。「神が愛だからといって、必ずしも、神が愛であるとあなたが信じるとは限りませんし、またあなたが神を愛するとも限りません*27」。キリスト教は、神は愛であると言うだけで話を終えることはできない。それはいわば「前段階」でしかなく、そこからが本番である。人格を備えた自分がそれにどう関わるかが問題になる。

キリストも人格をもつ

右のようにキルケゴールにとって神はあくまで人格神であったが、人格を備えた存在であるのは神の子、イエス・キリストについても同様である。神は人間を愛し救済するためにこの世界に現れた。それがキリストである。神でありかつ人間であるキリストは「神人の人格」を有する。すなわち、「信仰の対象は、実存の意味における神の現実性である。言い換えれば、神が単独の人間として存在したということである」[*28]。キリストは、永遠の世界にいる神とは異なり、時間のこの世に実際に一人の人間として現れたのだから、キリストの人格はよりいっそう明確なものになる。

しかし同時に、実際にこの世に存在した一人の人間が神でもあるというのだから、私たちにとっては、キリストを信じることは神の存在を信じるよりもはるかに困難である。「他の単独の人間をたった一人で崇拝する同時性の状況。そうする勇気、信仰、遜《へりくだ》りをもつ者が各世代に一体どのぐらいいるのか。常に人格の基準であるものがここにある」[*29]。ここに言われる「同時性の状況」とは、キリストが生きているその時代に自分も生きている状況である。もちろん私たちは、キリストの時代に生きているのではない。そのずっと後の時代に生きている。

だがキルケゴールは、キリストを空想の対象とせずに現実の出来事して捉えるために、キリストが不在の後代に生きる人間たちに対して、キリストが実際に生きているその時代にいると想像してみるよう促す。もしキリストを目の前にしたとして、果たしてあなたはその目の前にいる生身の人間が神であると信じることができるかと問いただすのである。周知のように、キリストの当時、多くの人間たちはキリストを信じようとはしなかった。多くはキリストを神とは信じず、迫害する側に立った。そうした状況のなかで〈あなた〉はキリストを信じることができるのかという問いをキルケゴールは読者に突きつけるのである。

単独者が私は彼を信じたと言うとき、そこにあるのは、〈彼は世界で信じられている〉という歴史的なものではなく、〈私は彼を信じた〉という人格的なものです。[*30]

人格を備えていない者はキリストを信じることはできない。たとえ信じたと思っても、それはキリスト以外の何かであろう。キリストと各人との関係は人格の関係だからである。キルケゴールは、キリストを信じる困難は、キリストが生きていた当時においてであれ、キリストがもはや不在の後代においてであれ、基本的には変わらないと言う。神が人間となったことを信じるのは現代において困難だろうが、しかしキリストの当時において、目の前にいる〈彼〉が神であると信じることも同じように困難だったはずだと言う。信じることは現代において容易になったわけでもない。

歴史学は神が人間になったと言う人がいたことを伝えるだけで、その人間が神だったということをいささかも証明しない。たとえ歴史学がそう伝えていたとしても、なお信じるかどうかという問題が残る。キルケゴールによれば、信じるのに必要なのは歴史学的考察ではなく、今も昔も人格的関わりなのである。

キルケゴールが主として問題にしているのは、神やキリストについての哲学的、神学的、形而上学的理解そのものではなく（もちろんそれも基本的なところでは前提となるが）、むしろ神と向き合う信仰者の真剣な精神の有り様である。それらは関連しうるが、決して同じものではない。前者における対象は自身以外のものであり、後者においては各人である。前者は対象についての理解であり、いったん理解が確定すれば、修正されない限りその理解は変わらない。しかしキルケゴールが主題にしているのはこれではない。キルケゴールが問題にしているのは信仰者各々の実際の精神の有り様である。愛と苦しみを生きたイエスに倣おうとする信仰者の精神の有り様である。それはいわゆる「頭で理解する」事柄とは別のものであり、形而上学のような安定性を持ちえない。昨日までのことが嘘のように、今日には色あせて見えることもある。「信仰というのは、きっぱり一度きりというのではなくて、信仰の確実な精神を獲得しながら、毎日無限の人格的で情熱的な関心をもつということである」[*31]。洗礼を受けたからといって、あるいは神学の学位を取ったからといって、精神の有り様が安定するわけではない。神の存在は確かに今も変わらず信じているのだが、運動する精神は不安定なものであり、自ずと彷徨ってしまう。キルケゴールは、そうした自身の内面について「信仰を持っていないという憂慮のなかにある信仰」と表現している[*32]。

信仰していながらその都度確信がかすむような事態は、薄い雲の向こうにほの見える太陽に喩えられるかもしれない。信仰者にとって、太陽がそこに輝いて存在していることは確実である。しかし雲に遮られて太陽は現れ出てくれない。そうした状況において信仰者は神との生き生きした関係を渇望する。これは神を信じていない者（太陽の存在を知らない者、疑う者、太陽を必要としない者）の世界ではない。やはり神を信じている者の世界である。神を信じてはいるのだが、しかし神との関係に何らかの齟齬を感じている者の世界である。問題は神にあるのではなく、神に向かう信仰者の側にある。キルケゴールの思想は、そうした信仰者（あるいは自身）の精神の有り様を問題にするものであった。

決断と臆病、信仰という期待

次に神に身を委ねる決断と、それから逃げようとする臆病について見てみたい。この種の臆病について、キルケゴールは次のように述べている。「善なるもの、真に偉大で崇高なものは、人間が格闘する目的であり、若いときも老いたときも勤勉さの目的でなければならないのですが、臆病というものは、まず第一に、善なるもの、真に偉大で崇高なものとは何かということを人間が認識するのを妨げてしまうのです[*33]」。人は善なるものへ向かって生きるべきものである。だが人が臆病になるとき、その目は善なるものを見失う。ここに「人間が格闘する目的」とあるように、善への道を歩んで行くことは、決して人間にとって容易なものでも心地のよいものでもない。まったく逆に大変な労力が強いられる。歩むことをやめ、その場にとどまり、今自分がいるところに善を見いだす方がずっと簡単である。目的へ進んでいくことが困難なとき、人はそれを見なかったことにしたくなる。それが臆病さである。

そしてこの臆病さを克服するときになされるのが「決断」である。

決断のかなたには永遠の光が輝き、決断のうちではすべてが永遠に決定されたように思われるということは、もちろん確かに真実であります。しかし、こういうことは初めだけです。決断が着替えをすると、決断はまさにごく日常的なことについて憂慮するのでしょう。そのように日常的な、あえて言えば、家庭的な服を着ていると、決断はあまり神々しいものには見えません。しかしながら、それでもその心の最も深い奥底では何も変わっていないのです。つまり、決断は生活に関連をもたせ、なめらかで穏やかな進み行きを与えるということ、これが人生に対して決断がもつ意義なのです。そのために決断は小さなことに憂慮するという愛すべき贈り物をたずさえています。それによって私たちは小さなことを軽視することがなく、また小さなことに囚われることもないのです。そのように生活は決断のうちで前に進んでいきます。決断によって強められ、元気づけられ、勇気づけられて進んでいくのです。*34

このように決断は、神なき人間の主意主義的決断を指すものではなく、信仰者の神との関わりのなかで意味をなすものである。この引用で注目すべき点がいくつかある。一つは、それがすぐに「色あせる」ということである。たとえ決断の瞬間に永遠が現前したかに思われるにしろ、それは長くは続かない。決断したところで、代わり映えのないいつも通りの日常が続く。私たちはそのなかで生活にまつわる様々な「小さなこと」のやりくりに追われる。

それにもかかわらず、ここで言われているように、決断は私たちの生活に「関連を与える」という機能を果たす。この点は人格ある人間の生を理解するために非常に重要である。というのも私たちは関連を欠く生活を送ることもありうるからである。私たちは生活のなかで様々なことに携わるが、それらを関連づけ損ね、一つひとつバラバラになすこともありうる。何のためにその仕事をしているのか、何のために子育てをしているのか、何のために友人と会っているのか、何のために服を買っているのか等々の理解が関連づけられずに、ただ一つひとつをバラバラにこなすだけになってしまうかもしれない。だが、私たちがそれらの関連づけに失敗するということは、私たちが自分のなす諸行為の意味づけに失敗するということである。無意味な生活を送るということである。そのなかで人間は疲弊する。

ここで永遠性に関する決断は、私たちが人格として生きることを可能にし、生活の断片化を防ぎ、それらを有機的に結びつけ、様々な事柄の意味を明確にする。そうして初めて私たちは意味に満ちた生活を送ることができる。そうして初めて「小さなこと」を「小さなこと」として大事にすることができる。「小さなこと」は神や真理、理念そのものといったいわば「大きなこと」ではないが、しかし決して価値のないことではない。「小さなこと」ではあれ、やってもやらなくてもいいものではない。だが同時にまた、私たちは「小さなこと」を「大きなこと」と誤解してもいけない。「小さなこと」は「大きなこと」ではないから。「小さなこと」を「大きなこと」だと解してしまえば、私たちはそれを過大に評価してしまうことになる。やはり私たちは何が小さなことで、何が大きなことなのかをよく理解し、それらを関連づけて生きなければならないのである。

そうすることで、私たちは「強められ、元気づけられ、勇気づけられて」生きることができる。無気力や無力感、意味や価値の喪失といった事態に陥らずにすむ。この点の重要性は、真理が相対化され、ニヒリズムが蔓延する現代において、どんなに高く見積もっても高すぎることはないであろう。人格として生きることを忘れ、理念よりも表面的な生産性や功利性、利便性に目を奪われがちな現代人は、容易にニヒリズムに落ち込んでしまう。そうなれば、いくら法律を整備したところで、いくら処罰を厳格にしたところで、富や権力をめぐる競争に勝利したところで、私たちは意味のある生活を送ることはできない。

魂の危険があります。すなわち、この世はあなたにとって空しいものになり、すべてがあなたにとってどうでもいいものになり、人生から味も栄養もなくなり、真理でさえ面倒な発明になり、死が不安も魅力もない漠然とした考えごとになるという危険があります。そこにあるのはまさに罪の危険です。つまり、あなたが自分の義務を忘れ、しかも喜んで義務を果たすべきであるということを忘れ、さらに自分の苦しみを担うべきことを、それも献身をもって担うべきであることをも忘れるという罪です。あなたは罪に堕ちこみ、素直さを失い、生涯を通してやる気を失い、死のうちに、悔いの念でさえあなたを支えられないほどに絶望するのです。*35

こうしたキルケゴールの言葉はニヒリズムに対する批判として読むことができる。そこではこの世のすべてのことが空しくなる。どうでもよくなる。真理と言われているものも、人間が作ってきた歴史も、今試行錯誤していることも、少し何かの役に立つだけの作り事に思われてしまう。死や不安といったものまでリアリティを喪失してしまう。あらゆることに熱意をもって取り組むことができなくなり、ただ漫然と無感覚に生きるだけの状態に落ち込んでしまう。そうした人生は誰も望むまい。

そうした絶望の状態ではなく、希望をもって生きたい。こうした望みが信仰の期待に賭けられている。言うまでもなく、私たちは様々な期待を胸に抱きながら生きている。そして様々な期待のうち、いくつかは叶い、その他のものは叶わない。そうしたなかで私たちは何とか期待をつないで生きている。しかしそうした外的な「様々なこと」に対する美的な期待とは別の次元に、この世界が私たちが生きるに値する世界であってほしいという期待、この世界に真理があってほしいという期待、〈私〉が生きることに意味があってほしいという期待もある。キルケゴールが期待について語るとき、問題にしているのはそうした期待である。そしてキルケゴールがそうした最も大事な期待として理解しているのが信仰なのである。

失望されることのない期待が一つあります。このことは私が経験から学んだことではありません。しかし経験はそれを否定する権能も決してもってはおりません。それは信仰の期待であり、そしてこの期待は勝利なのです。[*36]

この世で起きる様々なことに関しては、それが実現しそうか、実現しそうにないか、私たちはその他の事柄との関係から予想することができる。予想が外れることもあるだろうが、蓋然性をもって予想することができる。だが信仰の期待はそうした外的な事柄ではない。それは、外的な事柄の経験や推測が支える期待とは異種のものである。したがって、たとえ私たちがこの世界で経験することがおしなべて私たちの期待をそぐようなことばかりであっても、私たちは信仰の期待を保持することができる。

もちろん信仰者であっても迷うとキルケゴールは言う。「私たちがしょっちゅう迷っているのは、私たちが、信じているという信仰の保証を求めるのではなく、私たちの期待に対する保証を求めるからであります。信じる者は自分の期待に対していかなる証明も求めません」[*37]。この世における諸事については、期待するときにはその根拠をもとうとする。それによって実現可能性が高まるからである。だが信仰についてはは根拠をもつことはできない。信仰の期待に応じるのはただ神だけであり、神は人智を超えた存在だからである。キルケゴールによれば、信仰の期待は、この世において何らかの事柄が叶うことを期待するのではなく、信じることとそれ自体が可能であることを期待するのである。

時間性の事柄と永遠性の事柄、あるいは人間の事柄と神の事柄は、右のように明確に区別される。だが他方で、神がこの世の事柄にまったくタッチしないということもない。「もしあなたが意志しなければ一羽の雀も地に落ちることもない」と言うように、キルケゴールは神の「摂理」を信じていた。[*38] この世で起きることはすべて神が承認して生じている。神が意志すれば、神はあらゆることを引き起こすことができる。キルケゴールにとって信仰は、「神にとってはすべてが可能である、神とはすべてが可能であるということ」を信じることを意味した。[*39] こうして、この世で起きることに関しても人間は神と関わりうる。こちらが期待したことを神も意志するかもしれないし、しないかもしれない。

あなたは、あなたの役に立つ事柄について神が考えていることがあなたが考えていることと同じであってほしいと望みましたが、しかし同時にあなたは、神があなたの願望を願いどおりにかなえることができるような全能なる天地の創造者であってほしいと望んだのでした。けれどももし神があなたと考えを共有しているのだとすれば、神は全能の父であることをやめなければならなかったでしょう。あなたは我慢できない子どものように、神の永遠の本質をいわばゆがめようと欲したのです。[*40]

人格として人間が神に関わるとはいえ、だからといって人間の見解が神の見解と一致するわけではない。むしろ見解の違いを内包し、それにも関わらず関係が成り立つところに人格と人格の関係の要点がある。信仰者と神は別人格であるから、異なる見解をもちうるのである。

人間性と神性は一致しないというのがキルケゴールの基本的な考えである。神は人間ではなく、すでに見たように人間を創造した存在として人間の上位にあり、またその人間の創造はそれに先行する神の愛ゆえになされたものであった。この根本的な「遅れ」ゆえに、人間が神に「追いつく」ということはない。人間と神の間には一定の距離がある。この距離ゆえに人間は神に期待することが可能なのである。「成就しないときは、成就しないのが彼にとって最善なのであり、成就されるときは、その永遠の浄福を十全に伴っています。期待はまさにその然るべきときに成就されるにちがいありません」[*41]。期待したことがあまりに遅く成就されるということがどうしてありえましょう。

神と人間の間に距離があるがゆえに、神との関わりのなかで自分が期待したことが叶わなかったとき、人間はその期待が時機を外していると理解することができる。それがまだ起きていないのは神がその時点においてはいまだそれが起きていないことを、あるいは未来において起きることを善しとしているからであろうと考えることができる。物事はしかるべきときに起きると信仰者は解釈することができる。

期待は、それが成就するまでの「忍耐」を伴う。「忍耐と期待とは互いに対応します」と言うように、キルケゴールは両者を連動した現象として理解した[*42]。何をどのように期待するかということと、何をどのように忍耐するかは対応する。「その期待が真に期待であるような人はその期待によって忍耐強い[*43]」。期待すべきものを期待する者は、それに必要な忍耐を備えることができる。逆に、期待しえないことを期待しても、その期待はいつか色あせる。「忍耐のうちで自分の魂を保持すること。すなわち、忍耐の力のもとに魂を保有し、永遠なものとの、神との、自己自身との恐るべき闘いがなされるとき、魂が忍耐のもとから逃げないようにすること。なぜならこの闘いにあっては、永遠なものを失う者は神と自己自身を失い、神を失う者は永遠なものと自己自身を失い、自己自身を失う者は永遠なものと神を失うからです[*44]」。このように、自己自身との関わり、神との関わり、永遠、魂、これらキルケゴール思想の中核をなすものはすべて忍耐と不可分に繋がっている。ここに「闘い」と言われているように、真理に向かって生きることは決してたやすいことではない。先述したように、この世は決して楽園ではない。そのままに肯定できるものでは決してない。自分のあり方もまた然りである。キリスト教を信仰したからといって、神が「ありのままの」自分を肯定してくれるわけではない。神との関わりとともに、自己との、他者との、世界との、忍耐を要する関わりは続く。

祈るとはどういうことか

信仰者の神に対する関わりの最たるものとして、「祈り」についてみておきたい。

一般的には、神に祈るという行為は、こちらの願いを神に伝え、神にそれを聞いてもらい、実現してもらうという呪術的な行為としてイメージされるであろう。しかしキルケゴールの祈りの理解はそうしたものではない。キルケゴールによれば、自分は変わることなく神に願いを伝え、神に動いてもらうという図式とは丸っきり逆の事態が祈りである。

祈りは神を変えるのではありません。祈りは祈る者を変えるのです。この講話が問題にすることもそのようなことです。つまり、あなたが告白することによって神がそのことを知るようになるのではなくて、知るようになるのはあなた、告白する者なのです。あなたが闇のなかに隠すことができた多くのことを、全知者に知ってもらうことによって、初めてあなたはそれを知るようになるのです。[*45]

祈りとは神に対して自己の有り様を告白することである。祈る者は、自己を神に告白することによって自己を知る。つまり自己理解を刷新するのである。それまでの歪んだ自己理解から、正しい自己理解へと進むのである。人は自分のことを神に伝えるつもりで祈るのだが、祈りが明らかにするのは、自分のことを知らなかったのは神ではなく自分の方だったということである。全知の神は、私が告白する前から、〈私〉のことをすでに知っていた。祈ることで人は自己理解を正すとともに、そのことも理解する。

日常生活のなかで、人はすべてを明らかにしながら生きているわけではない。様々なことを、とりわけ自己に関わる重要なことを忘却のうちに、無意識のうちに、「闇」のうちに隠して生きている。隠した本人にとってそれは見たくないものであろう。しばしば隠したことすら忘れてしまって、人間は自己の真の姿を直視せずに生きている。だが神に祈るとき、神に自己を告白するときに、祈る者は自己を知るのである。そうして自己を知ることによって、祈る者は変わる。「人間が祈ることを神が聴くというなら、その祈りの関係は正しいものではない。そうではなく、祈る者は自分が聴く者になるまで祈り続けるのである。神が望んでいることを聴く者になるまで。直接的な人間はたくさんの言葉を発する。つまり彼は祈るときに実は要求しているのである。しかし真に祈る人はただ聴こうとする」[*46]。直接的な人間、すなわち意識を自己へと折り返すことができず、人格を確立するにいたっていない人間は自ら神に語りかける。だが人格を備えた祈る者は沈黙のうちで神の言葉を聴く。沈黙しなければ、自分が話すばかりでは、人間は神の言葉を聴けるようにはならない。沈黙するときに、語る主体は人間から神へと変わる。

さらに、この神の言葉を聴くということは、単に聴きとるというだけではない。日本語の「言うことを聞く」という表現も同様であるが、それは神が自分に求めることを聴くだけでなく、その言葉に従うこと、つまり言われたことをなそうとすることも意味する。祈ることで、信仰者は神の意思を聴き、その協働者となるのである。

振り返って理解するフモール

最後にフモールについてもここで見ておこう。

フモールもまた確かに逆説と関わり合う。しかしまだいつも内在性の内部にとどまっている。そしていつもまるで何か別のものを知っているかのようである。だから本気ではないのである。[*47]

ここに言われる「逆説」は、キルケゴールがキリスト教を特徴づけるキーワードである。永遠の神が時間のこの世に人間の姿となって現れるということは、人間の理性にとってはありえないことである。逆説は、そうした理性に反することを意味する。決してありえないことだから、理性は理解することができない。この引用にあるように、フモールは逆説に関心をもち、それを理解しようとし、これを否定せず、むしろ肯定的に評価する。しかし、「決断が瞬間において生じ、運動が、時間のうちに生起した永遠の真理への関係に向かって進んでいくところへ、フモールはついて行かない」[*48]。つまり、フモールはキリスト教信仰に対して自身の実存を関わらせることなく評価する精神のあり方を指す。

「自分のものにする」という先述のキーワードを用いて、フモールは次のようにも言われる。「フモールは決定的な仕方でキリスト教的なものを自分のものにしない（だがキリスト教的なものは決断と決定性にこそ存する）、それはキリスト教的なものの全体を自分のものにするがそれは見た目だけである」[49]。フモールはキリスト教信仰を自分のものにはしない。自己を関わらせるにはフモリストはあまりに客観的である。彼はキリスト教を観察、考察するにとどまるのである。現代の状況に置き換えて言えば、フモールは宗教学や宗教哲学といった学問の立場を表すものだと言うこともできるかもしれない（もちろん宗教〔哲〕学者が研究するなかで、自らの実存を変容させることもありうるが、そのことが学問的な評価の対象となることはない）。

ここでよく知られた一節を引用しよう。

哲学は、人生を理解しようとすれば振り返らなければならないと言うが、それはまったく真である。しかしそれに関して人は、人生を生きる時は前を向くしかないというもう一つの命題を忘れている。この命題について考えれば考えるほど、必ず、人生が時間のうちで正しく理解されることは決してないという結論に至る。振り返るという姿勢をとるためには完全に静止する必要があるが、私はいかなる瞬間にもそうすることができないからである。[50]

ここで「哲学」について言われていることがフモールにあてはまる。立ち止まり、振り返って理解する。今までやってきたことは何だったのか、私たちも時に立ち止まって振り返る。それ自体はキリスト教的ではないとしても、何ら悪いことではない。

だが、キルケゴールは常にそうしていることはできまいと言うのである。立ち止まって後ろを振り返ってばかりもいられない。通常、人は前に向かって進むようにして生きている。「フモールは常に戻ること（後ろに向かう想起によって永遠なもののうちにある実存。成年期が幼児期などの前の時代へ戻ること）であり、後ろ向きの視線である。だがキリスト教は前方に向かってキリスト者になるということである。キリスト者であり続けることによってキリスト者になるということである。静止のないところにフモールはない。自分の後ろに永遠の充分な時間を持っているため、フモリスト〔フモールを生きる人〕はいつも充分な時間があるからである[*51]」。フモールがこれまでに起きたことに照らして目の前のことを理解しようとする運動であるのに対し、キリスト教の信仰はこれからへと進む運動である。これは一歩一歩、一瞬一瞬前に進んでいくように、その都度「なる」運動である。

キリスト者として生きるということは、各瞬間に「なる」運動である。未知のことがその瞬間に現実化する運動である。そこには立ち止まって後ろを振り向くときの安泰な余裕はない。

反復としての信仰

キルケゴールは「信仰は反省の後の直接性」だと言う[*52]。つまり反省を超えていかなければ信仰にはいたりつけないということである。この反省にあたるのがイロニーやフモールである。反省の前には直接性があった。これは美的直接性である。反省がこの第一の直接性を超克する。さらに反省の後に第二の直接性が立ち現れる。これが信仰である。だから信仰は、失われた直接を再度獲得する運動、すなわち「反復」の運動であると言われる。

すべての認識は想起であるとギリシア人が言ったとき、彼らは、今存在する現存在の全体は以前から存在してきたと言っていたのである。これに対して、人生は反復であると言うとき、それは、存在してきた現存在が今生じるということを意味する。想起や反復のカテゴリーがないとしたら、人生の全体は空虚で、無内容な空騒ぎに帰してしまう。想起は異教の人生観であり、反復は近代の人生観である。反復は形而上学の関心事である。しかしまた、そこで形而上学が座礁するところの関心事である。反復はあらゆる倫理観への扉を開ける呪文である。反復はあらゆる教義上の問題の必要条件である。*53

想起、右で言うところの後ろを向く姿勢は、古代の世界観、つまりキリスト教以前の世界観の本質であった。これから先もずっとこれまで通りのことが続くと思われる世界観である。太陽の下、質的に新しいことは何も起きないという世界観である。だが、キリスト教の世界観はこれとは異なる。キリスト教の世界観ではある時にキリストが来たって、状況は一変した。ありえないことが起きたのである。そうして歴史理解、世界理解が刷新された。この世を超えたところに神が存在し、神にはあらゆることが可能で、それまでのことがずっと続くわけではないということが明らかになった。神の意思次第では、「新たなこと」が可能なのである。世界では各瞬間に神が働いているのである。キルケゴール的信仰者は、そうした神の力を信じながら生きている。反復は、神の働きを信じて、不確定ながら前方へと身を投げ出すような精神の運動である。神を信じて、神が愛をもって抱きとめてくれると信じて身を投げ出すような生き方である。

第三節　人格なき「現代」の諸相

諸宗教についてのキルケゴールの理解

キルケゴールの人格論はキリスト教信仰にもとづいて構成されている。キリスト教を信仰しない人は戸惑うかもしれないが、少なくとも当時のデンマークにおいてはキリスト教を信仰することは当然のことであった。キルケゴールは、ソクラテスなど、キリスト教が出現するよりも前の時代にも傑出した人間がいたことは認めるものの、しかしやはりキリスト教なしには真理とのしかるべき関わりは不可能であったと考える。そうしたキリスト教主義それ自体の是非については第四章で考えるとして、ここでは、キルケゴールがキリスト教を異教やユダヤ教と対比するその仕方を見てみよう。キルケゴールはキリスト教とその他の宗教を次のように比較する。

異教、ユダヤ教、キリスト教は、宗教と啓示の観念が歴史的に現実化した基本的な諸形式である。これらの宗教の本質とそれらの相互関係を認識しようとするなら、宗教的な観念の一般性のある根本規定を考察しなければならない。それは㈠一般性のある神の観念、宗教の形而上学的基礎を構成する神と世界の根本的関係。㈡有限性のうちへの神の現れに関する観念、和解の観念の客観的直観。㈢宗教的儀礼のうちで客観化される和解を人間が自分のものにすることの観念。宗教哲学的考察は、人格の観念との関係でこれらの規定の各々を認識するから、これは異教やユダヤ教をキリスト教の初歩的な前提として、キリスト教への移行段階として理解する。それは、これら〔異教とユダヤ教〕の体系が神と人間の人格の抽象的な諸契機を含むだけのものであるのに対し、キリスト教が人格の現実的な体系であることを示す。*54

キルケゴールが異教という言葉を使うとき、それが指すのはたいてい古代ギリシャの多神教のことである。キルケゴールはここで宗教学的にキリスト教と異教およびユダヤ教を対比・対照している。対比する点として、神、神と世界との関係、啓示、和解、儀礼において和解を自分のものにすることを挙げているが、私たちの関心にとってとりわけ重要なのは、人格が抽象的なものにとどまるか、人格が現実的なものとなるかの対比である。というのもキルケゴールは、キリスト教の特徴を人格の現実化に見いだしているからである。

換言すれば、たとえ神の人格について語ることがあっても、それが現実的なものとならない点で、異教やユダヤ教はキリスト教と異なるのである。「キリスト教的なものというのは、まさに、キリスト教に対する関わりが決定的だということです。キリスト教のすべてを知ることはできましょう、キリスト教について説明し、展開し、記述できるようになることもできるでしょう――しかしもし彼がそこでキリスト教に対する彼自身の人格的関わりをどうでもよいと思うならば、彼は異教徒です」[*55]。このようにキルケゴールは、人格的に関わることをキリスト教において最も重要なことの一つと見なすのだが、以下本節においては、人格を忘れる、あるいは積極的にそこから離れる当時のトレンドに対するキルケゴールの批判的時代診断について見ていきたい。

キルケゴールの時代診断

現代の根本的な堕落は人格を廃棄してしまったことにある。現代では人格であろうと危険を冒す者は誰もいない。弱々しい人間の恐れのなかで、しばしば他の者たちと対立するであろう〈私〉であるということに各人は尻込みする[*56]。

ここで現代の堕落と言われているように、キルケゴールは、人格の忘却を「現代的な」、つまり一九世紀の当時に特徴的な現象と捉えていた。それは、社会において様々な現象として立ち現れている根本的な変容であった。

人格と対置されるものの一つ目は「普遍」である。人格が「私」や「あなた」といった一人ひとりの個別性と不可分であるのに対し、普遍はこの個別性を消し去ってしまう。

自分を精神として意識していない人間、あるいは神の前で精神として自分を人格的に意識していない人間の実存は、そのように透明に神のうちに基礎をもたず、漠然と抽象的に普遍的なもの（国家、国民など）のなかに安住したりそれに献身したりする。[*57]

ここでキルケゴールは、人格によらない普遍性として国家や国民を挙げている（ここで言う国家は全世界を覆うものではなく、ある領域内だけをカバーするものだから、普遍性ではなく一般性と訳した方がいいかもしれない）。国家や国民はこの世界に実際に存在するのだから具体的なものだと思われるかもしれないが、キルケゴールによればそれらは抽象的なものである。それらは決して実存するものではない。私たちはこう言われて初めて、自分たちが知らず知らずのうちに抽象的な観念を使って物事を捉えていることに気づくかもしれない。

キルケゴールの言う通り、一人ひとりの人間こそが実存するものであって、国家や国民は実存するものではなく、人間が観念によって作りあげている人工物である。歴史を振り返ってみれば、各人が「国民」として自己を理解する「国民国家」の体制は、フランス革命以後に登場した社会の一つのあり方にすぎない。国民国家が存在せずとも人間が社会を形成して生存するのは十分可能であるし、そうした時間の方がずっと長いのである。つい私たちは自分たちが置かれた一時的な状況を永遠のものとしてイメージしたり、判断の基準にしてしまう。だが人格なき国家は、たとえ国民を主権者とするのだとしても、一人の実存者を人格なき「国民」へと変形させ、十把一絡げに統治するものである。国民の方も、自らの単独性を忘れ、他者をも国民として見なし、単にそれとして扱うかもしれない。しかしキルケゴールの目に映る国家は、人格の真理を捕まえ損ねた人間がコミットする対象でしかない。人間は、本来、国民である前に人格的な存在であり、単に国家のための国民であることに満足することなどできないのである。

右の引用にもすでに抽象の語が読まれたが、普遍性は個別的なものから抽象されたものであるから、抽象もまた人格の対極に置かれることは理解しやすい。第二に、抽象について次のように言われる。「現代では一切のものが抽象化され、すべての人格的なるものは廃棄される。人はキリストの教えを取って、キリストを廃棄する。それはキリスト教を廃棄することである」[*58]。ヨーロッパでは、キリスト教は余分なものを含んでおり、その「エッセンス」だけ取り出せばいいという考えが一七世紀頃から出てきた。主に「哲学者」が、そうしたキリスト教の活用法を提唱し始めた。彼らは理性の観点から、あるいは人間主義的幸福の観点から、キリスト教を考察し、その有用な部分だけを抽出しようと考えた。一八世紀の啓蒙主義において、この傾向はこの上なく明瞭になる。その流れはさらに一九世紀以降にも続いていった。

そうしたトレンドによってキリスト教は単なる妄想やまったき誤謬とされたのではなかったが、考察者の道徳理解と合致する部分だけが切り出され、あるいは読み込まれた。その際、キリスト教から切除されたもののなかに単独者の人格があった。一九世紀においては、そうしたトレンドは何も狭義の哲学者たちの間でだけ流行したわけではない。キルケゴールはそうした抽象が教会のうちにも、市民のうちにも広がっていることを問題視していた。

客観性は人格を欠く

第三に、「客観性」もまた人格に対照される。キルケゴールは「現代」の悪しき傾向について次のように記述している。「信頼ではなく保証に、危険を冒すのではなく蓋然性や賢い計算に、行為ではなく出来事に、一人の人間ではなく数人に、人格ではなく非人格的な客観性に」[*59]。信頼しても裏切られるかもしれないから保証を求める。危険を冒しても失敗するかもしれないから蓋然性の高いものはどれかと計算する。行為してもうまくいかないかもしれないから確定した出来事のレベルで処理しようとする。一人では特例に過ぎないかもしれないから人数を増やす。これらはいずれも結果を確保しようとする態度である。そのために人格性を用いず非人格的な客観性に訴えるのである。

倒錯した「現代」において人は、人格よりも客観性に真剣さや教養を帰する。

神の言葉に対して人格的（主体的）な関係に私は自分を置かないのだから、神の言葉は決して私をとらえることができないと嘯いているとき、私が自惚れていることを嫌悪しないほどに私は愚かなのだろうか。反対にそのとき私は——おお、真剣さよ、私は真剣であるから人々から高く賞賛されているのだ——神の言葉を非人格的な何か（客観的なもの、客観的な教えなど）に変え、それに対して私——真剣な者であり教養ある者！——は客観的に関わっているのである。私は無教養でも自惚れてもいないから、私の人格を活性化させて、語られているのは私についてなのだ、語られているのは私——たえず——私についてなのだと信じるであろう。*60

キルケゴールはここで客観性に固執するのが真剣さなのか、むしろ客観性を脱し自身の人格を引き受けることにこそ真剣さがあるのではないかと問いただす。

そもそも神の言葉は客観性の次元で語られたものではなく、一人格から一人格に向けて語られたものである。その状況の意味を理解し損ねた人格なき人間が、状況を客観性の次元へと置き換えてしまう。客観化するのである。人々は上手に客観化することに教養を見いだすが、キルケゴールはそうは考えない。教養と訳されたDannelseは、人間形成という時の形成を意味する語でもある。人格後に詳しく論じるが、キルケゴールの考えでは形成されるべきは人格をもった人間である。人格の獲得を促すことが「形成＝教養」なのであって、客観性の次元で考察できるよう訓練された人間に真の教養があるのではない。右の引用の後に続く箇所で、キルケゴールは教養、真剣さ、良心、そして人格について思うところを率直に書いている。少し長いが、キルケゴールの真意がよく表現された箇所であるため、労を厭わず引用したい。

私たちの世紀において教養と真剣さとして高く評価されている非人格性、つまり客観性［…］キリスト教界におけるこの世の教養が、利己的にいつも〈私〉や人格をもち出すのは自惚れだという否定しがたく真であることを利用しながら、神の言葉に関してはまさに真剣さであることを自惚れに変えて、そうして真剣さと真剣さの苦闘を免れ、まさにそうすることで真剣なる者、教養ある者としての名声を手にする狡知と抜け目のなさがいかに深いものであるか。おお、抜け目なさの何と深いものであるか！　神の声はあなたが聞くべきものであるのに、人は神の言葉を非人格的なもの、客観的なもの、教えにしてしまう。［…］人はこの非人格的なものに非人格的（客観的）に関わっている。そしてこの世の教養の高みで、教養を身につけた大衆、学問の先頭で、これが真剣さであり教養であると強引に語られ、人は一番隅っこにいるあの人格的（主体的）な可哀想な者たちを憐れむのである！　おお、抜け目なさの何と深いものであるか！　というのも、神の言葉に関してこの非人格性（客観性）を保持することを思いつくことは私たち人間にとってあまりに容易なことだからである。それは実際に、私たち全員がもっている生得的な資質であり、私たちが無料で（原罪によって）得ているものである。だから賛美されているこの非人格性（客観性）は良心の欠如以上のものでも以下のものでもない。そして当然のことであるが、良心の欠如（そういうことは馬鹿げたこと、愚かなこと、賢明ではないことだが）はもちろん警察－犯罪としては現れない。否、否、ほどほどに、ある程度まで、しかも趣味と教養をもってすれば、良心の欠如は人生を心地よいものに楽しいものにする。しかし、その良心の欠如を真剣さと教養にしてしまうのはあんまりではないか！[*61]

〈私〉が平板に個別性や利己性と解され、客観性のうちで〈私〉を消すのが社会性であるとされる状況においては、人格をもちだすのは自惚れであるように思われる。「私たちは人格的なもの（これが全現存在の秘密なのだが）から遠く離れてしまっているので、人格的なもの、つまり一人の人格に人格的に話すことが人格なのだと言うと相手の気分を害することになる[*62]」。自分の人格を持ち出すことは、モラルやマナーに対する侵犯として認識される。むしろ人格をもたない人間の方が道徳を備えた人物と見なされる。

しかしキルケゴールは、そこにあるのはむしろ「抜け目なさ」だと言う。責任を負うことから逃れているにもかかわらず、真剣な者と賞讃されるよう振る舞う抜け目なさである。そういう者たちが相互に教養を認め合い、社会の中心を占める。他方、人格ある者は自惚れた者として社会の片隅に追いやられる。それを見て人格なき者たちは、優位な立場から、なんて可哀想にと憐れんですら見せるかもしれない。だが彼は決して真剣に生きている者でも真の意味で教養を備えた人間でもない。ましてや他者の幸福に資する人間でもない。その実、利己的なのは彼らの方である。しかし利己的に自分の欲望を満足させている人間ばかりの世界では、むしろそうした人格なき人間の方が、教養を備えた洗練された人間として評価されるのである。

第四節　著作活動

どうして仮名著作を書いたのか

キルケゴールが書いた著作は、大きく分けて、実名で出版した諸著作と、仮名で出版した諸著作とから成る（実はそれ以外に、膨大な日誌も書き残されている）。例外もあるが、実名著作にはたくさんの建徳的講話が含まれ、キリスト教色が強いものが多いのに対し、仮名著作の多くはそうではなく、キリスト教的な語彙をほとんど用いない論考や物語として書かれているため、少なくとも表面的には哲学的、文学的な著作として読むことができる。そのため、キリスト教の伝統がない我が国では（あるいは宗教を度外視する「哲学者」たちは）、仮名著作がよく読まれてきた。仮名著者、ヴィクトル・エレミタによる『あれかこれか』、コンスタンティン・コンスタンティウスによる『反復』、ヨハネス・クリマクスによる『哲学的断片』と『哲学的断片への後書き』、ヴィギリウス・ハウフニエンシスによる『不安の概念』等である。それらの著作は仮名著者が書いたということになっているのみならず、著作のなかに様々な架空の人物も登場し、それぞれが自らのテクストを提示するという形をとっている。

仮名著作においてキルケゴールは自らの人格を書き表すのではなく、文学や古代の対話篇に倣いながら詩作した人格に語らせた。それは、責任を仮名著者に転嫁するためではなく、右に見たように、人格が語るということがなくなった状況に明確な問題意識をもってのことだった。倫理‐宗教的問題について、人格なしに語っても、内容と方法が乖離してしまうから人格の重要性が際立ってこない。そうしたことがないように、キルケゴールは人格を備えた仮名著者を創り、それらに語らせたのであった。

仮名の意義。すべての真理の伝達は抽象的になってしまった。大衆が審級になってしまった。新聞は自らを編集部と呼んでいる。教授は自らを思弁と呼んでいる。牧師は考察だ。誰も〈私〉と言う危険を冒さない。ところであらゆる真理の伝達は、第一条件として、無条件的に人格なのだから、〈真理〉が腹話術に助けられるということはありえない。こうして再び人格を掲げるということが重要になった。世界で〈私〉が聞かれないのが常だった状況においては、すぐに自己自身の〈私〉で始めるのは不可能であった。だから人々に第一人称で語ることに慣れさせるため、著作家の諸人格を詩作し、生活の現実のただなかに彼らを登場させることが私の課題となった。詩作された著作家が最も厳密な意味で〈私〉と言うことで、私の仕事は間違いなく先駆である。この非人間的な抽象から人格への転回、これが私の課題である。*63

ここで、そんなに人格が大事なのであれば、どうしてキルケゴールは自身の名前で語らなかったのかと思われるかもしれない。だが、それには、人々がみなキリスト教徒である「キリスト教界」

特有の問題があった。一般にキリスト教が真理であると認められ、みながその真理のために生きているという自覚があるなかで、著者自身が「あなたたちはキリスト教というものが何かわかっていない。私の方がわかっているから教えてやろう。私はキリスト教とは何かを知るのみならず、実存においてもあなたたちに先んじている」と言うことはできなかったのである。それは読者のうちに著者に対する反感を抱かせ、「躓《つまず》き」（信仰への至り損ね）を引き起こしこそすれ、各々の自己を直視するようには働かない。客体としてのキリスト教についての正確な理解を伝えるだけでなく、読者の実存変革をもたらすという目的のゆえに、キルケゴールは場合によっては、つまりそこで論じられる議論の内容によっては、自身を「隠す」必要があった。そのためにキルケゴールは仮名著者に語らせるという方法も時に使ったのであった（扱う問題によっては実名で書き、出版した）。

伝えたいことを直接に言うのではなく、読者自らがそれに気づくような言葉を投げかける方法。キルケゴールはこれを「間接伝達」と呼んだ。これは、ただ対象としてのキリスト教や理想的キリスト教徒について記述するだけのものではない。キルケゴールはそうした方法には大きな限界があると考えていた。信仰者にある種の要求を課すキリスト教という真理の独特の性質、読者各々がなさなければならない自己形成、および読者と著者との関係に配慮したこの方法について、次のように述べている。

もしすべての人間がキリスト教徒であるということに関し錯覚があるならば――そして〔それ

が取り除かれるために」何かがなされるとすれば、それは間接的になされなければならない。すなわち、私こそ優れたキリスト教徒であると大声で自分について公言する者によってではなく、事情によく精通した、自分はキリスト教徒ではないとさえ宣言する者によってなされなければならない。自分は希有なキリスト教徒であると言って優位な立場を得ようとするのではなく、その錯覚のうちにある者に対し、彼がキリスト教徒であるという優位な立場を譲り、自分の方は彼のはるか後ろにいる者であるということに甘んじるのでなければならない——そうしなければ、彼を錯覚から引き出すことなど決してできないだろう。*64

またこれには、権威なき一個の平信徒であるというキルケゴールの自己の立場に対する理解も関係している。つまりキルケゴールは、超越の真理を「独断的に」宣べ伝える教会人の資格をもっていないと自己理解したのである。*65

このように、キルケゴールは、読者に伝える内容のみならず、伝えるという行為そのものについて、周到に考察を深めていた。さらに詳しく彼が「伝達する」ということ、および人格を形成するということについて考えていたことを見てみたい。

現代は——私はこのことを現代の根本的な欠陥の一つと見なしているのだが——人格を廃棄してしまい、すべてを客観化してしまった。だから人は、伝達するということはどういうことかじっくり考えず、すぐに自分が伝達したいことへ急ぐのである。*66

「何」を伝達するかということだけではなく、伝達するということはどういう事態かという問題についてキルケゴールは考える。そうして伝達について考える際に重要なポイントを四つ挙げる。

伝達するということについて考えるとき、すぐに私は次の四つを考える：㈠対象、㈡伝達者、㈢受け手、㈣伝達。*67

伝達する事柄によって、伝達の仕方は変わってくる。伝達するのは人格に関わることなのか、キルケゴール自身のことなのか、神のことなのか、教義のことなのか、哲学的認識のことなのか、歴史的事実なのかなど。数学や科学など、人格に関わらない事柄であれば、直接に伝えればいいのであって、間接伝達の方法を用いる必要はない。次いで伝達者はどういう存在なのかについて考えなければならない。伝達する者は牧師なのか、キリストなのか、キルケゴール自身なのか、仮名著者なのか、その仮名著者はどのような実存を生きる者なのかなど。伝達者はその事柄についてどこまで言う資格があるのかが反省される。第三に伝達の受け手について考えなければならない。知識人なのか、教会人なのか、大衆なのか、どのようなキリスト教徒なのかなど。それによって読む者の能力や義務が変わってくる。第四に伝達（の方法）について考えなければならない。学問調で伝達するのか、講話調で伝達するのか、論理を重んじるか、雰囲気を重んじるか、真剣な調子で伝達するか、冗談も織り交ぜながら伝達するかなど。キルケゴールはそれらを細かく分類し、どういった伝達がそこで立てられた目的を最もよく達成するのか明確にし、緻密に構成された著作を書き上げた。最も重要な点は、人格に配慮した伝達を行うためには、何を伝えるかという伝達の対象よりもむしろ、伝達者、受け手、伝達方法について注意深くあらねばならないということである。

キルケゴールの用語法によれば、客観的な知識の伝達は美的な伝達に分類される。それは意識を直接的に外的世界に向ける人間にも可能なもので、伝達を受け取る者は自己自身のうちへと意識を折り返さずともそうした知識を獲得することができる。それに対し倫理的、宗教的な事柄の伝達は人格の確立に関わる。ここで重要なのは知識の伝達ではない。むしろもっている知識からどういった実践を引き出すかということが問題になる。「倫理的伝達は能力の伝達である。さらに詳しく言うならば、当為－能力の伝達である。伝達は知識の方向ではなく、能力の方向に向かう」[*68]。倫理の伝達は能力の伝達だというのはつまり、それによって善をなす能力を伝達すること、つまり倫理的行為がなせるようにすることを目指すということである。「当為」と言われるように、倫理的行為は善のために「なすべき」行為である。単に何か知識を与えるだけでなく、なすことができる存在へと読者を形成するのが倫理的伝達である。

以上から明らかなように、キルケゴールの伝達に関する考察は、キルケゴールその人の人格という特殊なものを表現し、伝えるためになされているのではまったくない。この点も「実存の人キルケゴール」がしばしば誤解されている点であろう。

そうして展開されたキルケゴールの著作活動は、徐々に問題の核心へと迫っていくことになった。すなわち、理想的なキリスト者となろうとするようキリスト教徒である読者を促す段階へと進んでいった。

現代人の多くは、理想と現実を対立させて考える傾向が強い。理想と聞けば、それはすぐさま非現実的なもの、場合によっては実現不可能なものと解してしまう。そして現実の方を向き、理想のことは忘れてしまう。しかしキルケゴールの理想と現実の理解はこれとまったく異なる。たとえ現実化しなくても理想は必要なものである。というのも理想があることによって、今の現実の位置がわかるからである。そしてまたその現実をどちらの方に方向づけていけばいいのかがわかるからである。もしほんとうに理想がなく、ただ現実しかないのであれば、私たちは自身を方向づけることができない。もちろん、理想はかならうに越したことはない。だが理想はかなうとかなわないとにかかわらず、持っているだけで方向づけるという機能を果たす。だから理想は必ず持っていなければならないのである。

キルケゴール思想においては、真理は人間にとって理想である。真理としての理想が人間にとっての基準となる。「各人は、模範によって理想によって秤られねばならない」[*69]。真理はそちらへと生を方向づける目標であるから、高すぎるということはない。むしろそれに関して重要なのは、それが真に理想と呼べるものなのか、理想そのものからかけ離れていないかということである。というのも、理想を誤って把握するとき、私たちはそちらの方に歩みを進めてしまうからである。私たちは理想をできる限り完全な形で把握するよう努めなければならない。
理想と現実の間にある隔たりについて、キルケゴールは、「この世で達成される理想は決して理想ではない」とまで述べて、それらが一致しないことを肯定しさえする。[*70]
実際、キルケゴールの実存もまた、理想のキリスト者の実存からはかけ離れていた。

私が自分の仕事によって成し遂げたいと願ってきたし今も願っていること、私が第一に最も重要なことと考えていることは、キリスト教徒であるということはどういうことなのかということをはっきりさせること、つまりキリスト教徒の像を、それの理想の、つまり真実の姿においてあますところなく提示すること、すべてが真に究極まで徹底化された姿において示すことである。[*71]

理想のキリスト者をキルケゴールは、単に「絵に描いた餅」として眺めるために書いたのではない。それを読者に提示することで、読者がしかるべき方向へと生を方向づけることを促そうとして書いた。そうすることでなおいっそう自身の実存のいたらなさも強烈に意識された。理想とはほど遠い自身の実存を直視することで、自身の神との関係は深化していった。

投影論批判

すでに見たように、人間は自らのうちにある永遠なものを知るようになり、それを通して神に向かい合うように創造されている。それがキルケゴールの人間理解であった。永遠なものを自身の「うちに」持っているのだから、それは人間にとって外在的なものではない。永遠なものは、神に由来するものであれ、しかしなお確かに人間のうちにあるのである。とすればその永遠性と適切に関わる人格的存在たれという要請は、決して外からの「押しつけ」ではないのである。

「人間が必要とするもの」として神を捉えることは、一見すると、L・フォイエルバッハらにある投影論の発想に近いように思われるかもしれない。フォイエルバッハは、神を、人間が自身の本質を投影したものと解した。しかしキルケゴールの議論は投影論に回収されうるものではない。フォイエルバッハが、「人間は、その根源を天からではなくて地から、神からではなくて自然から導き出さなければならない。人間はその生活および思惟を自然から始めなければならない。自然は自分から区別されたある存在者の働きではなくて、哲学者たちが言っているように自身の原因である」と述べたのに対して、キルケゴールは、「あらゆる認識は、神性の存在でさえも、人間が自ら作り出すものであるから、啓示については比喩的な意味においてのみ語ることができる。つまり雨は天から落ちるが、しかしこの雨は大地によって作り出された霧に他ならないと人が言うことができるのと大体同じ意味においてのみ語ることができる、と哲学者たちは考える。けれども彼らは、この比喩で言うならば、神が始めに天の水と地の水を分かち給うたこと、大気圏よりも一層高いところにあるものが存在するということを忘れている」と応えた。[*72] 人間が必要とするものは、単に人間を起点として「人間が」必要としているのではなく、人間がそれを必要とするようにと人間を創造した神の論理のうちにあるからである。

自分が神を渇望するから神を愛するというのは非常に自己愛的に思われます。しかしこれこそ人間が真理のうちで神を愛することができる唯一の方法なのです。神を渇望することもなく神を愛そうとする不遜な者に禍あれ！［…］自分が神を渇望していることを最も深く認識している人間が最も正しく神を愛するのです。あなたは、神のために神を愛するなどという不遜を犯すべきではありません。[*73]

人間が欲するからといって、すべてを人間の現象として還元することはできない。人間は神を欲すればいい。そうすることしか人間にはできないのだから。だがだからといって、人間は宗教によって単に自分を肯定しているのだと解して終えることはできない。キルケゴールの神が単に人間を肯定するだけのものではなく、厳しい要求も課すものであることは次章で見る通りである。

第三章　尊厳あるものへの関わり

コペンハーゲンは十分に大きく、ますます大きな都市になっていくだろうが、また十分に小さくもあり、人々に市場価格がつけられることはない。[*1]

前章ではキルケゴールが人格というものをどのように理解していたのかを見た。本章では、ではそうした人格を有する自分や他者の尊厳を認めながら自分や他者に接する仕方はどのようなものなのか、キルケゴールが考えていたところを詳しく見ていきたい。

なお、キルケゴールの人生に最も深く関わった二人の人物として父親のミカエルと恋人のレギーネがいるが、本章の前半では、尊厳の問題に関わる限りにおいて、キルケゴールと彼らとの関わりについて見る。それを踏まえ、本章の後半では、他者の尊厳を尊重する隣人愛をもった他者への関わりについてキルケゴールが構想していたところを追ってみたい。

第一節　父ミカエルとの関係

ミカエルの生い立ち

ミカエルは、敬虔主義のキリスト教が浸透したユラン半島にあるセディングの村に一七五六年に生まれた。一二歳のときに伯父と共にコペンハーゲンに移り住み、そこでこの伯父の毛織物商を手伝った。ミカエルには商才があり、二四歳で独立した。輸入品も扱うようになり、莫大な利益を得、若干四〇歳でリタイアした。ミカエルは二二億円にものぼる遺産を残し、一八三八年に亡くなった。七人の子どもを授かったが、不幸が重なり、長男のペーダーと末っ子のセーレン以外はみな若くして死んでしまった。一八一三年にセーレンが生まれたとき、ミカエルは五七歳であった。

ミカエルは憂鬱の人であった。キルケゴールのミカエルとの関係を理解する際にもこの憂鬱が鍵となる。「私はゼロから一切のことを父に負っている。父は憂鬱であったとき、憂鬱のうちで私を見つめながら、お前はちゃんとイエス・キリストを愛することができるのだと言ったのだが、それは私に対する父の祈りだったのである」[*2]。キルケゴールがここで言う「ちゃんとイエス・キリストを愛する」という言葉に込められた意味は、以下に見るように、尋常ではない独特の意味を含んでいた。

先述したように、ミカエルは貧しい少年時代に神を呪ったことを生涯悔いていた。キルケゴールの日記には次のようにある。「その男には恐ろしいことがあった。彼が少年だった頃のある日ユランの荒野で羊の番をしていたとき、疲労困憊し、お腹もすいて、打ちひしがれていた。そうして丘の上にあがって神を呪ったというのだ――その男は八二歳になってもそれを忘れることができなかった」[*3]。敬虔主義の影響であろう、信心深いミカエルは人生に起きる出来事を、神からのメッセージとして受け取っていた[*4]。右に述べたように、可愛い子どもたちが次々に逝去したことも、自らが犯した様々な罪に対する罰として理解した。ミカエルは神に赦しを乞うように、息子のキルケゴールを神に仕えるキリスト者へと、神に捧げるべく育てたのである。

ミカエルの憂鬱はキルケゴールにも受け継がれた。「父親の方は息子の憂鬱が自分のせいだと信じていたし、また息子の方も父親の憂愁が自分のせいだと信じていた」[*5]。父と子は憂鬱を介して繋がっていた。しかしキルケゴールは、内面には深い憂鬱を抱えながらも、外面では快活に振る舞うことができたようである。「私は子どもの頃から巨大な憂鬱に支配されていた。その天賦の才こそが憂鬱の深さを表す唯一のものだった」[*6]。だが私は見た目には快活で上機嫌にしていてそれをとても上手に隠していた。この外面と内面の不一致は後に、前章で見たような卓越したイロニー理解にも結実することになったが、次節で見るように、憂鬱は恋人レギーネとの関係にも大きな影を落とすことになる。

この憂鬱とキリスト教信仰の結合は、「私は幼い頃から従順、絶対的従順のうちで教育された」と言うように、キルケゴールを従順な少年に育てあげた[*7]。ここに示唆されているように、キルケゴールはミカエルの父性を神の父性と重ねて理解した。「私は彼〔父〕から父性愛とは何かを学び、それによって神的父性愛、すなわち人生において唯一揺らがぬもの、真のアルキメデスの点についての概念を得た」[*8]。キルケゴールのなかで、ミカエルと神が揺らがぬ精神的な柱であったことがわかる。現代の私たちからすれば、家父長主義的、あるいは男性中心主義的に思えるが、デンマークが民主主義社会に舵を切るのは一八四九年である。それ以前のデンマーク社会は絶対君主制であり、実際に家父長主義的だったのである。民主化以前のデンマークでは国王は神に代わってこの世を治めると考えられており、国家教会がすべての国民をキリスト教徒として統治する社会であった。だがキルケゴールはミカエルを尊敬し、愛していた。

人間的な意味では、私は父にすべてを負っている。父は私をすべてにわたってこの上なく不幸にし、その結果私の若い時代は比類なき苦痛となった。たとえ私が、父への尊敬の念からそのことについては誰にも一言も言うまいと心に誓っていたとしても、また父への愛から、キリスト教界においてキリスト教と呼ばれているたわごとと対照させて、できるかぎり正確にキリスト教を描き出そうと心に決めていたとしても、それでも私は心中キリスト教に躓きかけていたのだったし、実際私は躓いていた。それでも私の父は最も愛のある父親であった。そして私の憧れは彼に対して向けられていたし、今でもそうなのであって、彼のことを思い出さずに昼夜が過ぎるような日は一日たりともなかった。[*9]

ここでは「人間的な意味での不幸」について語られている。キルケゴールはしばしば「キリスト教的な意味」と「人間的な意味」を対照して語る。それは、それらが同一の事柄を正反対の角度から眺めるからである。すなわち、キリスト教的に幸福であるならば人間的には不幸であるだろうし、逆に人間的に幸福であるならばキリスト教的には不幸であるだろうから。キルケゴールにはミカエルと同様に、キリスト教の原理をこの世の原理とダイレクトに対照させる傾向が強い。こうしたキリスト教理解は、この世で人間が得る幸福の最たるものである愛する者との結婚生活を不可能にするものであった。地上を諦めて天上へと向かうところにミカエルとキルケゴールのキリスト教信仰の特徴がある。磔にされたイエス・キリストが喚起するのはそうしたイメージであった。

あるところに一人の男がいた。その男は子どものときキリスト教へと厳格に教育された。彼は他の子どもたちが聞くような話の多くは、つまり小さい幼子イエスや、天使やそれに類するような話は聞いたことがなかった。その代わりに十字架に磔けられた者の話を何度も何度も聞かされた。それゆえ、その光景は彼が救い主について得たただ一つの印象だったのである。彼は子どもであるにもかかわらず、すでに老人のように老いていた。この光景が生涯彼につきまとった。[*10]

ここに言われるように、キルケゴールはごく幼い頃から、こうしたこの世の幸福を否定するペシミスティックなキリスト教を教え込まれたようである。ここに言われる「老人」も一つのキーワードである。幼い頃からこの世に否定されるキリストのイメージを植えつけられたキルケゴールは、一般的に「子どもらしい」と形容されるような快活な幼少期を過ごすことができなかった。「私の全人生の根本にある不幸は、私は子どもだったのに間違って老人とされてきたことだ。[…]そうして私は学生になった。しかし私が若者であったことは決してなかった。私は、若者が得るような印象を人生から得ることは一度もなかった。[…]八歳のときに私はすでに老人であった、私が若かったことは一度もない」[*11]。美味しいものを美味しいと喜び、楽しいことを楽しいと喜ぶような「直接的な人間性」をキルケゴールは剥奪されて育った。キルケゴールはミカエルという老人に育てられ、この老人に大きな影響を被り、その内面は早々に老人のようになっていった。

キルケゴールのキリスト教の特徴は、いわゆる成功や勝利と結びついたものではなく、逆に敗北を覚悟する点にある。自身もまたこの世界で没落すると予感して育った。

私は今から不確実なものの上を走るだけでなく、確実なる没落に向かって歩んで行かなければならない――しかし神への信頼のなかでは、このことこそがまさに勝利なのである。私は一〇歳のとき、人生をそのように理解した。そしてそのときから激しい論争が私の魂のなかで始まった。また私は自分が二五歳になったときも人生をそのように理解した。そして私は今三四歳だ。[*12]

上に述べたように、キルケゴールの兄や姉は、イエス・キリストと同様、三四歳になる前に次々とこの世を去った。キルケゴール自身も三四歳になる前にこの世を去るであろうと予感していた。

私の心のなかには、それらがいつ生まれたのか言うことがないほどずっと昔から宿っている二つの考えがある。一つはイデーを表現するために犠牲にされる人、何らかの仕方で他の者たちのために犠牲にされることが決まっている人がいるという考えである。[*13]

これは五三年の日記からの引用であるが、ここにもキルケゴールの犠牲の思想が明確に綴られている。他方で、キルケゴールは父親ミカエルの素朴なキリスト教理解をそのまま継承しながら生きていくことはできなかった。キルケゴールは、ミカエルの人生とは異なる自身の人生のなかで、ミカエルから継承したキリスト教信仰を「洗練」させていかなければならなかった。キルケゴールはミカエルのようなユランの人間ではなかったし、生まれた年にしても半世紀以上の開きがあり、宗教をめぐる時代の雰囲気は少なからず変わっていた。大学で得た最先端の教養もまたキルケゴールをナイーブな信仰者のままにはしておかなかった。キルケゴールは大学時代にキリスト教信仰を一から再構築しなければならなかった。

ミカエルの教育

すでに述べたように、キルケゴールは父親によって厳格な雰囲気のなかで育てられた。『あれかこれか』には、小学校にあがってすぐに、キリスト教の教科書から一〇行を暗誦してくる宿題が出た際、真剣に賢明に取り組んだ記憶が記されている。「私は床につき、眠る前にもう一度自分自身で諳《そら》んじた。明日の朝もう一回おさらいしようと決心して寝た。［…］もし私が宿題を憶えていなかったなら天と地が崩れ去るような心持ちだった。［…］教育において重要なのは、子どもがあれやこれやを学ぶことではなく、精神が成熟し活力が目覚めることである」。[*14]

キルケゴールが子どもの教育において、知識の習得よりも精神の成熟を重視する点については前章ですでに見た。キルケゴールの教育論の特徴は、教えることや覚えさせることの内容よりも、知を身につける主体に注目し、主体性の形成に重きを置く点にある。この引用に続く箇所でキルケゴールは、ミカエルがキルケゴールにどのように接したのかについて述べている。

私は子どもの頃幸せだった。私は決して多くの義務をもったことはなく、普通はただ一つの義務しかもたなかったからである。〔…〕私は父親が普通口にするようなつまらない言葉を聞かないで育った。父は私に宿題について尋ねたことは一度もなかったし、それを私に暗誦させて聞くこともなかった。作文を見たこともなかったし、勉強する時間だとかやめる時間だとか言って促すこともなく、生徒の良心の味方をすることも決してなかった。〔…〕私が遊びに出ようとすると、彼〔父〕はまずそうする時間があるのか尋ねた。行くかどうかを決めるのは私自身であって父ではなかった。父の質問が細かいことにまで立ち入ることは決してなかった。それでも父は私のしようとすることによく注意を払っていたと私は確かに信じているが、私の魂が責任を負うことによって成熟することができるよう、父は決して私にそのことを気づかせなかった。ここでも同じことだが、私にはあまり義務がなかった。しかしまったく儀式的な様々な義務によっていかに多くの子どもたちが窒息する思いであることか。[*15]

現代風に言えば、自主性の尊重ということになろうか。ミカエルはキルケゴールに自分で判断させた。そうすることで子どものうちには責任感が芽生える。その反対にあるのは、親が「答え」を教えたり、様々ななすべきことを指示してしまう場合である。そうすると子どもは指示されたことを履行するだけであり、自分で判断することを身につけずに育ってしまう。自分で判断して行動していないのだから自分の行動に責任をもつということも身につけ損ねてしまう。ただしあらゆる義務から解放して、完全に何もかもを子どもの自由に委ねてしまっては、倫理も責任も立ち上がらない。一つの義務（この場合は宿題をやるということ）だけは保持しなければならない。義務を一つだけにすることによって、キルケゴールは真剣に宿題に取り組んだのである。

すでに見たように、キルケゴール自身の生い立ちは、多少なりとも特殊なものだった。キルケゴールのケースがそのまま万人にとっての模範になるわけではない。そのことは当然キルケゴールも承知していた。すでに右で、キルケゴールが子どもながらに老人のようになってしまっていたことを見たが、こうしたことは誰にでも起きることではなく、キルケゴールがこれを一般化しないのは言うまでもない。「幼児にあまりに手をかけてはいけないように若者を統制しすぎてもいけない。だからと言ってそれと正反対のことをしてもいけない。若いときに若々しくあることができないという苦杯を飲み干さなくてもよいように、また後に年老いたときに若々しくあることができなかったという苦杯を飲み干さなくてもよいように、〈その時〉が来る前に若者を老け込ませてはいけしない」[16]。こうした記述には、自身のケースが決して一般化されてはならないという考えが明確に示されている。

キルケゴールは四四年の『三つの建徳的講話』で、聖書の言葉、「青春の日々にこそ、お前の創造主に心を留めよ」を取りあげる。[17] そこでキルケゴールが述べているのは、神を信じるために若者は証明を必要としないということである。キリスト教社会で生まれ育った子どもや若者にとっては、自らを取り囲む環境が神の存在を前提として構成されているがゆえに、神が存在することを「自然なこと」として受け止める。[18] 年をとるにしたがって、神は存在するのかと懐疑し、それについての証明を求めるようになるかもしれないが、若者はいまだ懐疑の手前にいるというのがキルケゴールの認識である。そうした子ども時代や若者時代を過ごすか否かは、老人になったときに大きな違いを生む。

ある人が戻ることができるものをもっているということは祝福ではないだろうか！　自分の手を引いてくれる子どもがある盲人は幸せではないだろうか！　人間はこのようにしてしばし子どもに手を引かれる盲人のように歩むのである。〔…〕説教者は次のように言う、だからあなたの若い日にあなたの創造主のことを思いなさい、引き返せるように若い日に創造主を思いなさいと。[19]

人は、幼い頃に信じた神を、若者になっても老人になっても信じ続けることができる。「創造主についての若者の思いは萎れることのないバラのつぼみである。この思いは年にも季節にもかかわりなく、子どもの最も美しい聖具であり、花嫁の最も華麗な宝石であり、死者の最良の装束なのだから」[*20]。精神の成熟とともに、キリスト教についての理解は深まる。若者は子どものように信じるわけではないし、老人もまた子どもや若者のように信じるわけではない。キリスト教についての理解は変わる。だが時間のなかで変わっていくにしろ、その解釈すべき対象がなければ、解釈を変更していくこともできない。解釈対象としてのキリスト教の観念は子どもの頃に与えられるべきだというのがキルケゴールの考えであった。キリスト教徒であったキルケゴールは「キリスト教界」にあったキリスト教という精神の遺産について肯定的に評価していた。

神なき人間からすれば、理解が深まることによって、人が神から離れることもあるのではないかと思われるだろうが、キルケゴールはそう考えなかった。もちろん、考え違いをした場合はそうなるであろうが、キルケゴールは、神の存在は、その他の事柄についての理解に決して抵触しないと考えるからである。神とは何か、神が人間に求めることは何か、そうしたことは生涯をかけて理解を深め続けていくべき事柄である。その都度、人はそれを有意義に捉えることができる。キルケゴールはそのように考えていた。

第二節　恋人レギーネとの関係

レギーネとの出会い、婚約、別れ

右に見たようにミカエルがキルケゴールに与えた影響はとても大きなものだったが、恋人のレギーネ・オールセンもまたキルケゴールの思想構築に大きな影響を与えた。キルケゴールは三七年五月にレギーネと出会った。当時キルケゴールは二四歳、レギーネは一五歳だった。三九年の日記には「あなたの美しさを抽出するためには、すべての娘たちの美しさが必要だ」とあるように、キルケゴールにとってレギーネは美しい娘だったようである。[*21] それから三年あまりが経った四〇年九月八日に婚約を申し出た。その二日後の一〇日にレギーネから承諾の返事を受け取った。キルケゴールはレギーネからの愛について、「彼女がほとんど崇拝するほどに自分を投げ出し、自分を愛してくれるようにと私に嘆願し、それが私を揺り動かして、彼女のためであればどんなことでもしようと思った」と書いている。[*22]

だが自らが愛するだけでなくレギーネにも愛され、結婚が現実になろうとしたところで、キルケゴールは関係を作ってきたことを後悔し始める。「ある日に、私は自分が間違いを犯していることを悟った。私は一人の懺悔者であったし、私の生の履歴書、私の憂鬱、それで十分だった」。[*23] 結局、四一年七月にマギスター論文を提出した翌月、キルケゴールはレギーネに婚約指輪を送り返す。キルケゴールは別れたときのことを次のように書いている。

私だけがそれ［レギーネが美しいということ］を知っている。彼女の美しさのために私が涙を流すことになったのだから。彼女を飾るために自分で花を買い、世界中のすべての飾り物を彼女に懸けてやろうとした、それが彼女の魅力を引き立てるのに役立つものなら。そして彼女が美しく装ってそこに立ったそのとき、私は出ていかなければならなかった。彼女の心からの喜びにあふれたこの上なく生き生きとした眼差しと私の目が合ったそのとき、私は出ていかなければならなかった。私は出ていき、そして号泣した。[*24]

こうして一〇月一一日に正式に婚約が破棄された。キルケゴールが別れることを決意したのは、レギーネに対する愛が冷めたからではないことは、「そうして私たちは別れた。私は毎晩ベッドのなかで泣きながら過ごした」といった記述からも明らかである。[*25] キルケゴールにとってレギーネはその後も思いを傾ける相手であり続けた。

キルケゴールにとって、レギーネとの結婚はこの世での幸福そのものを意味した。これを諦めた後、キルケゴールは文字通り怒濤の執筆活動に入った。四三年には『あれかこれか』、『畏れとおののき』、『反復』、『二つの建徳的講話』、『三つの建徳的講話』、『四つの建徳的講話』、四四年には『哲学的断片』、『不安の概念』、『序文』、『二つの建徳的講話』、『三つの建徳的講話』、『四つの建徳的講話』、四五年には『人生行路の諸段階』、『想定された機会における三つの講話』、そして四六年にはそれまでの議論を総合する大著、『哲学的断片への後書き』と『文学批評』が書かれた。これについてキルケゴールは、「私が彼女と別れたとき、私は死を選んだのだった。まさにそれが理由で私はあのように猛烈に仕事をすることができたのである」と書いている。[*26] そうしてキルケゴールはレギーネと別れ、まさに死に物狂いで著作活動に没頭した。「〔レギーネとの〕紐帯が切れたとき、私の思いは次のようなものであった。お前は野蛮な気散じへと突き進むか、それとも牧師のたわ言とは別の種類の、絶対的な宗教性へと突進するか[*27]」。その著作活動は、自らの宗教性を反省するとともに、さらに先鋭化していく営みでもあった。

だがどうしてキルケゴールはレギーネと結婚することを諦めたのだろうか。これには右で見たように、三四歳になる前に自分も死ぬのであろうと予感していたことも関係していよう。だがそれだけではない。そこでキルケゴールは憂鬱について語る。「彼女は献身し、彼はすっかり夢中になった若い娘に愛された。そして彼は不幸になった。そして憂鬱が目覚めた。そして彼は手を引いた[*28]」。キルケゴールは、レギーネの愛を勝ち得た瞬間に憂鬱に襲われた。前節で見たように、これはキルケゴールが父親から引き継いだものである。「もし憂鬱でなかったら、彼女との結びつきは決して夢みることもできないほどに私を幸福にしたであろう[*29]」。この世での幸せそのものであるレギーネとの結婚生活をキルケゴールに諦めさせたのは憂鬱だった（より正確に言えば、キルケゴールはその原因を憂鬱に見いだした）のである。

しかし、この憂鬱は癒やされることはなかったのか。あるいは憂鬱を抱えたまま結婚生活を送ることはできなかったのか。「子どもの頃からこの上ない悲惨な憂鬱へと落ち込んで、自身が不安の対象であった哀れな者〔…〕私の人生は直接性なしに始まった。〔…〕婚約を破棄したのは、神が私の本質である根本の悲惨を取り払って、ほとんど狂気に近い私の憂鬱を取り除いてくださるとは信じられなかったからである」[30]。こうした記述からすれば、四一年当時の彼は憂鬱を乗り越える可能性を信じることができなかったのであろう。

同時にこの憂鬱は、厳格なキリスト教教育が、子どものキルケゴールから直接性を剝奪したことと関係している。すでに見たように、彼は子どもの頃からすでに直接性を享受する子どもらしさを失っていた。「彼女を不幸にしてしまうに違いないという悲しみから、私は著作家になりました。彼女を不幸にしてしまうに違いないという悲しみから、私は著作家としてほとんど超人的な苦労を愛しましたし、真理への奉仕において、すべての人々が避ける危険を求めました。［…］私が彼女と婚約したあの日、私はすでに老人でありました。一人の娘を愛することができるには千年も年をとり過ぎていました。このことを私は前もってわきまえておくべきでした。それがこの件のためにもうとっくにさらに数千年も老いこまされてしまった今になって、やっとあまりにもはっきりとわかってきたのです」[31]。この老人としての自己理解は、自身を若いレギーネに対置するものであった。「私が愛したのは一人の若い娘でした。彼女は魅力的でとても若かった（あんなにも若いというのはどんなに楽しいことでしょう！）だから私は口説いたしリードしたのだ。けれども恐ろしい心労――彼女にとって私はあまりにも年老いた永遠でした」[32]。この世の直接的享楽を奪われて育ったキルケゴールの目に、レギーネはこの世を享楽する直接性そのものに映った。最初から結婚を諦めていたわけではなく、レギーネと交際し、婚約するにまでいたったということは、彼が少なくとも初めはこの世での幸福を期待していたことを意味する。だが婚約が成立したところでキルケゴールは、直接性を享受するこの世での幸福か、卑賤のキリスト教かという二者択一を考えてしまった。自分はレギーネと出会う前にすでに「神と婚約していた」と言う彼の言葉がそれを表している。

宗教的な意味で言えば、私はもうとうの昔に子どものときからすでに婚約していたのである。［…］私はひと頃自分の人生を誤解し、忘れてしまっていた――自分が婚約していることを！ところがあるとき、私は自分の人生で最も美しく、最も浄福に満ち、まさに筆舌に尽くしがたい、欠けるところのない満足を経験した。なぜなら私は、自分がそのとき歩んでいたその歩みにおいて、私が自由な意志によって身を晒していたその危険において、自分自身を、私は婚約していたのだということにおいて自分自身をすっかり理解した。[*33]

レギーネと出会い、キルケゴールはこの世において幸せになれるかもしれないと期待した。キルケゴールは心からそれを欲したであろう。この世で幸せになれる気がしたであろう。自分も直接性の世界へと舞い戻れるのではないか（反復は可能なのではないか）と期待したであろう。

彼女は確かに私の人生において第一位を占めていないということを私は深く、また生き生きと心に思ってきた。否、否、人間的に言えば然り。彼女は私の人生において唯一の第一位を占めているし、また占めるべきであると私は確信し、またそう言うことをどんなに望んだことだろう。だが神が第一の優位を占めている。彼女との私の婚約も彼女との破約も実際は神との私の関係なのだ。だからあえて言うなら、それは敬虔に関わるところで神との私の婚約なのだ。[*34]

「敬虔に関わるところ」では神との関係が第一位だった。それはこの世での生を捧げることも要求するものだった。「幸せな結婚生活」と両立するものではなかった。反省するキルケゴールが再獲得しうる直接性は、美的なものへの退行ではなく、あくまで卑賤のキリスト者になることを超えたところにあると考えられた。キルケゴールが憂鬱にならざるをえなかったのはこのためである。

キルケゴールは死の間際、自分の人生を振り返って親友エミール・ベーセンに次のように語った。

僕にはパウロがもっていたような肉中の刺というものがあるんだ。だから僕は一般的な事柄との関係に入ることができなかったのだが、またそのような理由で、僕は自分の任務は異常なものなのだと推測して、目下僕はその任務をできうる限りうまく遂行するよう努めていたのだ。僕は摂理のもとでは一つの遊び事のようなものだったたな。摂理は僕を手玉にとり、僕は使われる運命にあったのさ。そのようにして何年かが過ぎていった。ころころと玉が転がり落ちるようにして！　すると摂理の御手が伸びてきて私をとらえ箱船のなかに入れるのさ。それはいつも異常な意味での死者の存在と運命のようなものだ。レギーネとの関係であったこともそういうことだった。僕はそんな状況が変わるだろうと思っていたが、それは変わらなかった。だから僕はその関係を解消したんだ。何とおかしなことか、男が支配者になってしまうなんて。そんなこと僕は嫌だな……。[*35]

キルケゴールにとって、「一般的なこと」、すなわち人間が誰しも享受することは、職業労働も意味したが、とりわけ結婚を意味した。ここに書かれているように、キルケゴールは自らを「一般人」あるいは「普通の人」ではないと理解した。大多数の一般人のために神に犠牲に供せられる存在として自らを理解した。

人間の尊厳と愛

以上がキルケゴールとレギーネの関係のあらましである。では私たちはキルケゴールのレギーネに対する関わりを尊厳の見地からどう理解したらよいのか。

まず最初に述べておくべきは、尊厳という観点から見るとき、キリスト教は両義的な性格をもっているということである。キリスト教は完全に「人間の尊厳」に合致するわけではないし、完全に「人間の尊厳」に反するわけでもない。それは人間の尊厳を神の尊厳から引き出すという論理があるからである。キリスト教は、人間を神に似たものとして捉え、神の尊厳を人間が継承するという論理をもっている。だが人間はやはり神ではなく、その尊厳は神の尊厳に由来するものでしかない。キリスト教には「人間主義」を超越する部分があり、人間より高次の存在を前提するのだから、その限りで「人間の尊厳」を相対化するものともなりうるのである。

では一般的な意味でのキリスト教とは多少なりとも異なる、キルケゴールが再構成し信仰したキリスト教ではどうであろうか。キルケゴール思想において尊厳の問題はどう扱われていたのか。尊厳の文脈におけるキリスト教の両義性に配慮しながら、ミカエルとレギーネとの関係を振り返ることで、ここで一応の総括をしておきたい。

他者の尊厳に配慮した関わりは、キルケゴール思想においては愛の文脈で語られるため、ここでは大部分の考察を愛に費やすことになる。すでに見たところから、キルケゴールとミカエル、あるいはレギーネとの関係においては、（対等な立場には立っていなかったとしても）双方向的な愛の関係が成立していたと見ていいだろう。キルケゴールは四九年の日記で「私は毎日彼女のことを思い出した。私があれから八年経った今日まで滞ることなく続けてきたことは、毎日少なくとも一度は彼女のために祈ることであり、しばしば二度祈ることもあった」と述べているが、キルケゴールが生涯レギーネを愛していたことを疑う理由は見当たらない。[36]だが言うまでもなく、愛していることとは必ずしも、相手の尊厳を認めた関わり方ができていることを意味しない。問題は愛しているかどうかではなく、愛の中身である。

先述したように、キリスト教が人間の尊厳を傷つけうるのは、それが人間性以外の原理を持ち込むからである。この構図はキルケゴール思想においてこの上なく明確にされている。「人間本性全体は役に立たず、言うなれば、まず作りかえられなければならない」[37]。人間がありのままの状態で善を行うのであれば、人間性は否定される必要も超克される必要もない。そのまま善をなし、幸せに暮らせばいい。

だがキリスト教の見地からすればそうではない。「善いものとは何か？　それは神である。それを与えるのは誰か？　それは神である[*38]」。キルケゴールのキリスト教の立場からすれば、善は人間のうちにあるのではなく、それは神から派生するものであり、根源的には神のうちにあるのである。人間のありのままの状態、すなわち自然的な状態は罪のうちにあり、人間はそこから脱却しなければならない。キリスト教は人間に変われと命じるのである。この考えは若きキルケゴールがすでにもっていたものだが、これは晩年においても変わらなかった。五〇年には、「人間がもともとそうであるところのものの発展でしかないものは本質的にキリスト教的な実存ではない」と書いている[*39]。この記述に明らかなように、人間は成長、成熟したとしても、それが単なる人間性の開花、展開であれば、つまり神に導かれた展開でなければ、やはり人間は罪のうちにある。

キルケゴールとレギーネの間にもキリスト教理解について食い違いがあった。かたやキルケゴールはこの上なく厳格なキリスト教教育を受けて育った。のみならず大学でキリスト教や哲学に関する最先端の学問を学び、マギスターの学位まで取得するエリート中のエリートであった。なお当時は現代のような男女平等の社会ではない。女性に対する男性の優位は社会の常識だったし、女性が大学で学ぶようになるのはあと三〇年ほど後のことである。そのときレギーネは学問をもたない一八歳であった。

「彼女〔レギーネ〕は私の優れた頭脳を愛さなかった。彼女は私を確かに愛したのだがしかし私を理解することができなかった」[*40]。宗教エリートのキルケゴールが、自分が考えることをすべてレギーネに理解するよう求めてもとうてい不可能であることは言うまでもない。もちろんキルケゴールはレギーネにそこまで求めるつもりはなかっただろう。しかしキルケゴールの思考はその宗教理解と密接に繋がっていたし、レギーネもキリスト教徒である以上、当然、それはレギーネとの関係にも影響を及ぼすものであった[*41]。信仰のあり方と人間のあり方を連動させて考えるキルケゴールが、レギーネの宗教的「未熟さ」を問題視していたことは次の引用に明らかである。

一人の娘が宗教的な教育をまったく受けなかったら、それがどんなに不幸なことか、それでわかるだろう。私は毎週一回ミュンスターの説教を彼女に読んであげたが、それが実際に彼女に影響を与えるまでにはかなりの時が経ったことを私が考えてみても、そうである。娘が自分をえらく大したものだと思いあがり、自分が（一人の人間として）愛をもって振る舞うことが、というよりむしろ婚約していることが、私をあれほど揺り動かすのだと思うのは実におかしなことだ。考えの違いを問題にすることになれば、私のほうが必ず彼女を打ち負かすことになる[*42]。

ここで問題となっているのは、宗教をめぐる形而上学であるのみならず、不遜や傲慢といった遜《へりくだ》りに関する一連のキリスト教モラルである。キルケゴールにとってキリスト教が教える遜りは、キリスト教徒として生きる際に最も重要な事柄の一つであった。しかもそれは、とりわけ女性において直接的な在り方をすると考えられていたため、キルケゴールはレギーネが遜った態度をとらないときには、キリスト教的な意味で不満をもつことになった。「若い娘というものはおとなしさと遜りをもっているべきである。しかしそうではなく、彼女のほうが傲慢だった。そこで私は自分が遜ることで彼女に遜るということを教えてやらなければならなかった。すると彼女はいい気になって私の憂鬱を口にした。彼女は、自分が比類なく美しい娘だから私が遜ったのだと思ったのだ」[*43]。ここにあるように、遜るのはキリスト教が人間に教える重要な徳であり、本質的には男性も女性も関係がない。キリスト者であるならば、当然男性にも遜ることが求められる。キルケゴールはキリスト教から遜ることを学び、レギーネに教えた。だがこの引用においてそれよりもはるかに重要なのは、遜らないレギーネが口にしたこととして書きとめられているのは、キルケゴールにとって最もデリケートな事柄である憂鬱であったことである。

彼女と語り合った最初の頃、あるとき私は最も深いところで揺さぶられ、私の存在が根本から揺り動かされ、次のようなことを彼女に話したことがある。どの時代にも他の人々の犠牲となるよう定められた人間が少数存在したと。私が話したことを彼女はほとんど理解できなかった〔…〕しかし彼女の直接的な若者の幸せは、私の恐ろしい憂鬱の傍らにあって、それとの関連で私自身を理解することを私に教えた。というのも私がいかに憂鬱であったかを、私はそれまではまったく予感しなかったし、人間がいかに幸せでありうるのかということについて私はほんとうにどんな尺度も持っていなかったからである。*44

ここにあるように、キルケゴールがレギーネと結婚することを諦めなければならなかった主たる原因はその憂鬱であった。キルケゴールにはレギーネが自身の憂鬱を理解しうるとは思えなかった。キリスト教の本質、すなわちキリスト教の原理がこの世の原理とは異質なものであること、ここでの言い方を用いれば、真の意味でキリスト教を生きる者は少数者にとどまるため、彼らはその少数性によりこの世で正しくは評価されないことを理解しないレギーネに、キルケゴールの憂鬱を理解することを期待することはできなかったのである。

非対称な関係における愛

そうした無垢な他者にキリスト者はどう関わるのか。より正確に言えば、キリスト教の本質を理解した者は、それをいまだ理解しない無垢な他者にどのように関わるのか。

すでに見たように、ミカエルは無垢なる息子、キルケゴールを神のために犠牲に捧げた。キルケゴールはこのミカエルの意図にそって自己を理解した。『畏れとおののき』でキルケゴールは息子イサクを神に捧げるアブラハムについて書いたが、そのとき念頭にあったのは明らかにミカエルと自身である。キルケゴールは、その存在をありのままに肯定されずに育ったのである。その生はその始まりからキリスト教のためのものであった。この意味でキルケゴールは尊厳を毀損されて育った。それにもかかわらず、キルケゴールはミカエルの愛を確信していた。

子どものときに私はキリスト教へと厳格にそして真剣に教育された。人間的に言えば、気違いじみて教育された。すでに子ども時代の最初の頃に、私はある印象に圧倒され、震えていた。その憂鬱な老人が私にそれを押しつけたのだ。そして老人自らその印象のもとに倒れることになった。気違いじみたことだが、私は憂鬱な老人であるよう躾けられた一人の子どもだった。［…］厳密に人間的に言うなら、キリスト教は私をこの上なく不幸にした。このことは、私が最も深く愛した人間である私の父親に対する関係と関連していた。［…］愛することが足りなかったことが彼の過ちではなく、老人と子どもを混同したことが彼の過ちだった。反省的に言うなら、自分を幸福にしてくれる者を愛するというのは、愛の規定としては十分ではない。悪意をもって自分を不幸にした者を愛するなら、それは徳である。しかし愛していたがために——誤解はあったがしかし愛していたがために——人を不幸にした者を愛するということ、それは愛するということの正常な反省の形式である。これについて書いたものを私はこれまで一度も目にしたことはないけれど。[*45]

子どもを老人のように、つまり世界の直接的享受を許さずに専ら精神的存在として扱い、そうすることでキルケゴールを老人に仕立ててしまったミカエル。そのようなキリスト教教育を施すことによってミカエルは、キルケゴールをたとえ「キリスト教的には」幸福にしたにしろ、「この世的には」不幸にしてしまった。だがミカエルはキルケゴールを愛していた。キルケゴールはそのことを確信することができ、またそれによってミカエルの過ちを赦すことができた。

しかしでは自身はレギーネにどう接したのか。キルケゴールの理解によれば、犠牲に捧げられた自身と結婚するということは、レギーネも同様にキリスト教に捧げられる人間になることを意味した。レギーネの人生をそのように変えてしまっていいのか。

「私が彼女を愛したということ、これ以上に確かなことはない。そのようにして私の憂鬱は餌食にするに十分なものを得たのである。おお、私の憂鬱は恐ろしい獲物を得たのだ」[*46]。レギーネの人生をキリスト教に捧げさせていいのか。しかもそれは市民道徳としてのキリスト教ではなく、犠牲を求める「本来の」キリスト教である。レギーネにこの世の幸福を諦めることを求めていいのか、レギーネを「餌食」にしてていいのか。

最終的にキルケゴールが結婚を諦めたということは、レギーネを餌食にしそうになったが、寸前で思いとどまったということを意味する。キルケゴールは、「神に捧げられたもの」という自らの特殊性によって、それに対応するような特殊性をもたぬレギーネと結婚することを諦めた。

彼女のことを喜ばせることをあれこれと考えては子どものように胸を弾ませていたとき、その喜びの瞬間にやはり何もしてはならぬことを自分に言い聞かせねばならなかったとき、彼女を自分へともっと惹きつけてしまうことへの恐れから、理性と賢慮がそのような喜びを禁ずるのを待たねばならなかったとき、私がどれだけ苦しんだことか[*47]。

キルケゴールはレギーネがその生をキルケゴールに預けようとしたが、それを受け取らなかった。

もし私が未来の花嫁として彼女を自分以上にリスペクトしているのでなかったなら、もし私が自分の名誉よりも彼女の名誉を誇りとするのでなかったなら、私は黙って彼女と私の願いをかなえ、彼女と結婚していただろう。小さなことを隠す結婚はたくさんある。だが私はそうしたくなかった。もしそうしたら、彼女は私の愛人となったであろう、そうなったら私はむしろ彼女を殺してしまいたい。しかしもし私が自分のことを説明しなければならなかったとするならば、私は彼女に恐ろしいことを打ち明けなければならなかっただろう。すなわち父に対する私の関係、彼の憂鬱、私の最内奥に巣くう永遠の夜、私の放埒、享楽、私の過剰などである。と言っても、これらのことはおそらく、神の目からするならば、それほどひどいことではないかもしれないが[*48]。

キルケゴールは結婚を、自分のことを理解してくれる主体とするものと解していた。だから、自分のことをすべて理解することをレギーネに望んだ。神を信仰する自分だけでなく、自分がキリスト者としての道を歩んでいくこと、自分に深い影響を与えているミカエルのことも含めて理解してほしかった。しかしそれは叶わなかった。

そうしてキルケゴールは著作活動に打ち込んでいった。キルケゴールがその後の著作活動において精神の発展を促そうとした読者のなかには明らかにレギーネも含まれていた。それによってキルケゴールはレギーネと「和解」したいという希望を抱き続けていた。とはいえ、キルケゴールとの婚約が破棄された後、レギーネはJ・F・シュレーゲルと結婚したから、レギーネがキルケゴールの著作によってキリスト者として成熟したとしても、それが彼らの結婚として帰結する可能性はなかったし、キルケゴールがそれを望んでいたということもない。

だがキルケゴールにとって、レギーネはその他の読者と同等の「キリスト者一般」ではなく、あくまで「ただ一人の、かけがえのない」、つまり勝義における単独者としての恋人であった。キルケゴールのレギーネへの愛は変わらなかった。四九年には、日記に、「彼女に対する私の関係の重複（Reduplication）はある意味で神に対する私の関係である」と書いている。[*49] ここで用いられている「重複」は、永遠の世界におけるあるものと時間の世界におけるあるものとの対応を意味する。すなわち、レギーネに対する関係は、神に対する関係にこの世において対応するものであったのである。あの世にあるもののうち最も愛すべきものが神であり、この世にあるもののうち最も愛すべきものがレギーネであった。キルケゴールの精神は神に捧げられ、またこの世における思いはレギーネに捧げられた。

第三節　隣人愛

キリスト教倫理としての隣人愛

単独の個人が世界全体に抗して倫理的態度を確立して初めて、真に一つになるということが問題になりうる。*50

自己関係する倫理的人間となって初めて真に他者と繫がることが目指されるようになる。それ以前においては、たとえ他者と共同で何かをするのであっても、そこに自己はなく、他者をかけがえのない個人として捉えることもできない。いまだ他者との間に積極的な関係は成立していない、あるいは非真理において他者と関わるばかりである。この引用には「倫理」とあるが、これは自己に関わり自己を形成する人間になることを意味するものであり、それ自体は宗教との対立を含意するものではない。むしろそうして初めて神や真理に関わることができるようになり、普遍性の次元が開かれるという意味で、倫理と宗教は連続している。宗教的実存にいたってからも自己に関わる倫理的実存は継続するわけだから、宗教的実存の実現によって倫理的実存が廃棄されるわけでもない。

中期以降のキルケゴールが「倫理宗教的」という言葉を頻繁に用いるのはこのためである。

ここでキルケゴールの『畏れとおののき』の議論を知っている人は、キルケゴールを、倫理とキリスト教を対立的に捉え、宗教を倫理よりも優先した思想家だと理解しているかもしれない。確かに前期から中期にかけてのキルケゴールには倫理を宗教の前段階とする傾向がある。そこで彼は宗教の前段階としての倫理について語っていた。それは、キリスト教の超越性を明確にすることに主眼を置いていたこの時期のキルケゴールが、それに内在の普遍倫理を対置したためである。だがキルケゴールの倫理論はその後位相を変えながら展開していく。右の引用にある「世界全体に抗して」という言葉に注目したい。言うなれば、キルケゴールにおいて倫理は、内在の倫理、普遍の倫理、世界内の倫理、あるいは世俗の倫理と、それを超えた後に可能になる超越の倫理というふうに区別しうるということである。

キルケゴールの倫理論は前者から後者へと展開していく。前者の意味の倫理は永遠性とは触れ合わない人間性の倫理、あるいは社会的慣習としての倫理であり、これは、人間が人格や信仰を獲得するときにその限界が露わになるような倫理である。だが後者の倫理は自己関係や自己形成を意味するものであり、これは人が神に関わる際にも不可欠な内的行為だから、宗教を支え、これと連動するものである。キルケゴールが重視する倫理は言うまでもなく、この後者の倫理である。この世の普遍性を脱して単独者となり、神に面して初めて「真の」普遍性の次元が開かれ、そこでキリスト教倫理が可能になるのである。

このキリスト教倫理のキーワードが愛、あるいは隣人愛である。これは世俗的な次元で、人間と人間の間に立ち現れる愛ではなく、キリスト教の神やキリストを仲立ちとして、それらに基礎づけられる愛である。確かにキリスト者は何にもまして神を愛する者であるが、しかしそれは神だけを愛するということを意味しない。むしろそれは人間愛、ないし隣人愛へと続くもの、あるいはそうしたものを可能にし、支えるものである。「兄弟が困っているのを見て心を閉ざす者は、同時に神をも締め出すのである。神への愛と隣人への愛は同時に開く二つのドアである。一方を開いて他方を開かないというわけにはゆかないし、一方を閉めて他方を閉めないということも不可能である[*51]」。神だけを愛し、人間を愛さない人間はキルケゴールの考えるキリスト教徒ではない。

神の前の平等

隣人は実際に関わりをもつ他者を意味する。誰とでも関わりをもつ可能性がある以上、隣人は可能的にすべての人間を意味しうる。ここでキルケゴールは「神の前の平等」について語る。「万人は神の前で平等である。それゆえ本質的に平等である[*52]」。単に人間をみて、ここが同じだここも同じだと言って人間は平等だと言うのではなく、「神の前に」平等だと言うのである。

平等と訳したのは、「等しい（lig）」を意味する形容詞に名詞語尾hedがついたLighedという語である。だから実際は「同等」の方がより原語の意味に近いのだが、私たちが一般に「平等」と言う場面に関する事柄だから、やはり平等と訳しておく。

この世では男だとか女だとか、若いとか老いているとか、力をもっているとかもっていないとか、富裕だとか貧乏だとか、美しいとか美しくないとか、様々な差異、つまり「等しくなさ」がある。同時に人はそうした差異のうちに優劣や上下を読み込む。だがそうしたものは神の目には入らない。「キリスト教は教える。この単独の人間が、したがって男であろうと女であろうと、お手伝いさんであろうと、大臣であろうと、商人であろうと、理髪師であろうと、学生であろうと、その他何であろうと、とにかく何であれ、単独の人間の各々が、この単独の人間が現に神の前にあると」[*53]。神にとってはそうした人間がこの世で創り出すあらゆる差異は意味をなさないのである。神にとってはどの人間も「同じ」人間、同等な人間、平等な人間である。この超越性の次元の平等をこの世で実現すべく「回帰」するのがキルケゴールの考える信仰者である。

ここでキルケゴールは、実際、宗教と政治が交わる点で語っている。従来においてキルケゴールは時に政治に無関心であると批判されることがあったが、そうした批判は必ずしもあたらない。キルケゴールは少なくとも彼なりには政治に関心をもっていた。キルケゴールは確かに宗教の問題について集中的に語ったが、それは政治を軽視したからではなかった。ただ彼は両者を区別し、宗教が政治に先行すると解していたから、宗教から政治への波及を考慮に入れながら、宗教について語っていたのである。

実際、政治と宗教の関係について次のように述べている。

〈役に立たない〉とはいえ、宗教的なものは政治の最も美しい夢の、永遠性によって変貌せしめられた表出である。人間平等というこの考えを、いかなる政治も徹底的に考え通すことも実現することもできなかった。またいかなる政治もできない。いかなるこの世性もできなかった。またいかなるこの世性もできない。平等を〈この世的平等〉という媒体のなかで完全に実現するということ、すなわちその本質が差異性である媒体のなかで、そしてそれを〈この世的に等しく〉、つまり差異を作りつつ実現するということ、それは永遠に不可能である。それは範疇から見ることができる。なぜならもし完全な平等が達成されるべきなら、〈この世性〉は全く去っていなければならないだろう。そして完全な平等が達成されているときには〈この世性〉は廃棄されている。だが〈この世性〉が完全な平等を強要しようとし、そしてそれをこの世的に——この世において——強要しようとする着想を得たということ、それは何と言ってもやはり憑かれた状態のようではなかろうか！　ただ宗教的なもののみが永遠性の助けによって人間平等を終局まで貫徹することができる。敬虔な、本質的な、この世的でない、真実の、唯一可能な人間平等である。そしてそれゆえにまた——その頌栄のために言っておきたいが——宗教的なものは真の人間性である。*54

ここで「人間平等」、「人間性」と訳した Menneskelighed は、Menneske（人間）の形容詞形である menneskelig に名詞語尾 hed がついたものであり、通常は人間性の意味である。だがキルケゴールは、lig を平等の意味でとることも可能であることから、Menneskelighed という語がもちうる二義性を利用してこの一節を書いている。すなわち、人間性について語りながら、人間であるということは、人間が平等であるということなのだと論じているのである。

政治はこの世において平等を達成しようとする。しかしその目標である平等の観念を政治はどこから手に入れたのだろうか。これに対してキルケゴールは「神の前から」と答える。この世は差異の世界なのだから、人間が平等の観念を手に入れたのはこの世ならぬところ、すなわち神の前以外にないと言うのである。もし人間が平等の観念をもっているとすれば、人間は神の前に立つことからその観念を得たはずだ。キルケゴールはそう考える。このようにキルケゴールは宗教を政治に先行させながら、宗教によってこの世で可能な限り政治が人間平等を実現するのを支えているのである。

このようにキルケゴールは隣人愛を「神の前の平等」によって基礎づける。神の前に立つことができるのは「類」としての人間ではなく、あくまで一人ひとりの人間、すなわち単独者である。これと連動して、愛すべき「隣人」もまた一人ひとりの人間である。「それぞれの個々の人間を、絶対的にそれぞれの人間を尊敬するということ、それは真理であり、神を畏れるということであり、そして〈隣人〉を愛するということである」[*55]。逆に人間が単独者とならず、したがって隣人を見いだすこともなく、人間を集合として、しかも大多数を占める集団として捉えるとき、そこにあるのが大衆である。

大衆を愛すること、あるいは大衆を愛しているかのように振る舞うこと、大衆を〈真理〉の法廷にすること、これは感覚的に権力を得るための道であり、あらゆる種類の時間的でこの世的な利益を得るための道である――と同時にそれは非真理である。なぜなら大衆は非真理であるから。[*56]

キルケゴールが言う「大衆」は、上流階級から区別される下流階級やいわゆる「庶民」を意味するものではない。そうした社会内の特定の集合を指すものではない。そうではなく、自身の単独性を受け止めることがない人間たちの集合を意味する。そうした大衆を愛することは、大衆が考えるところ、あるいは大衆が実現している現状を真理と認めることになってしまうとキルケゴールは警戒する。

第一章では、すべての人間が単独者になりうるという意味での単独者の普遍性について見た。さらに右では、人間平等を真に理解するキリスト教的実存こそが「人間性」の発展の極致であることを見た。すなわちキルケゴールは、各人がその単独性を引き受け、各人がその主観性を形成すれば、そのときに人間性という客観性もまた達成されると考えるのである。「人は客観性が主観性よりも高いと思っているが、全く逆である。つまり対応する主観性のなかにある客観性、これが大詰めである」[*57]。各人は、他者や大衆を見て（意識を外に向けて）、それに合わせることによって、客観的人間性を達成するわけではない。そうしたところで精神という人間の本質における合致は達成されず、ただ表面的な同一性が得られるだけである。むしろ各人は自己に向き合い、それを主観的に形成することに専心すべきなのである。言うまでもなく、この客観性を担保するのは、その前に人々が真の平等を認識するにいたるところの、そのように人間を創造した神である。

神に基づけられる普遍性によって、単独者は他者に対して共感をもつことができる。先述したように、この時間の世界では各人はみな異なる。だがそれにも関わらず存在の本質には平等がある。「差異が最も甚だしいところでこそ、平等を最も強く把持すること。これが単純な賢さをもつ者の高貴な敬虔である」[*58]。このようにキルケゴールの言う共感は、単独性と存在としての人間の平等性を基礎にして初めて働くものである。そしてとりわけ、自分と相手が異なることを直視せざるをえない現実のただなかにおいて立ち上がるべきものである。それは決して「自然な」ことではない。むしろ不自然なことである。他者に共感し、同情し、他者の苦しみを我がことのように思い、手を差し伸べるのは、先述の神の前の平等があって初めて可能なことである。

水平化とは

こうした神の前の平等と似て非なるものとして「水平化」がある。隣人愛が目指す平等と水平化が目指す平等はまったく異なる。隣人愛がともに精神として高まろうとするのに対し、水平化は優れた者を妬み、引きずりおろすことで低次の平等を達成しようとする。

現代は平等の方に向かって弁証法的であり〔＝進んでおり〕、この平等を誤った方向に最も徹底化させようとするのが水平化であり、これは諸個人の否定的な相互性の否定的な統一である。[*59]

ここに言われるようにキルケゴールは、当時において最も重要なトピックは平等だと認識していた。社会性に関するものである。人々がどのように関わり合うのがいいのか。「愛を讃える者は、共有される貧しさにおいてではなく、また共有される中庸においてでもなく、最高なものの共有においてすべてを有和する」と言うように、キルケゴールは、人々が積極的に関わり合い、高い次元で統一を達成することを理想としていたが、当時現象していたのは水平化という低い次元での統一でしかなかった。[*60] 水平化は否定的な、つまり積極的な原理が不在なままの同等性、平等である。精神を成熟させる前の人間は、水平化という低い次元の平等しか目指すことができない。そういった人間は、精神の高まりを正しく捉えることも評価することもできない。高い精神が達成する平等は理解できず、自分が理解する低次の平等へと傑出した者をも引きずり下ろしてしまう。

キルケゴールは、愛を自然的感情のレベルから引き離し、宗教的な義務の問題にする。ここで「良心」について語られる。「愛は良心の事柄である。つまりそれは衝動や性向の事柄ではなく、また感情の事柄でも悟性による計算の事柄でもない」[*61]。ここで良心と訳したSamvittighedは、sam（ともに）とVittighed（知）から成るが、キルケゴールは、神とともに知るのが良心であると解している。良心とは、人間がその事態を神とともに眺めるときに働くものである。「神は良心のうちに力を有する」と言うように、良心は人間のうちに生じる「自然な感情」ではなく、神に由来するものだと考えられる。[*62] 神が良心を通じて、隣人を愛せよと人間に要請する。美しい人や優れた人、高い地位にある人ならば愛するのは容易なことであろう。しかし「隣人」である限り、そうでない者をも愛せと神は要請する。これとともに働くのが良心である。

ここで神、良心、人格が結び合う。「実際、人格を構成しているのは良心である。人格とは、良心の可能性において神によって知られることで確立される個人の意識である」[*63]。前章で私たちが詳しく見た人格は、意識を自己のうちへと折り曲げて自己を確立した人間が神に関わることによって獲得されるものであったが、それは良心をもった主体でもある。

愛と実践

愛することは、愛することがどういうことなのかを理解することと同じではない。理解したところで、愛していないという場合がありうるからである。実存を問題にするということは、こうした行為や実践をも包括しながら、その人のあり方を問題にするということである。

キリスト教においてはたえず次のことが問われる。ある人が言っていることがキリスト教的にみて真理であるかどうかということだけでなく、それを語っている者がどのような在り方をしているのかということも問われる[*64]。

このようにキリスト教は愛が実践されることを求める。

人間には「自分でやるべきこと」がある。そしてまた人間はその能力を備えている（キルケゴールによればそれは神に支えられながらということになろうが）。人間は必然性が命じるがままに生きているのではない。すべてを神に操られるようにして生きているのでもない。人間は自分で自分を方向づけることができるのであり、またそうすべきなのである。ここに人間の自立性（Selvstændighed）と自由がある。「愛が人間に恵み与えたものとは、つまり自立性、自分自身を支配する自由」[*65]。とはいえ、同時に、キルケゴールの言う自立性や自由は、上で見たような神との関わりという文脈において理解されなければならないことも忘れてはいけない。人間は神なしに自立しているわけではないし、なすべきことを問わずに自由であるわけでもない。

西洋思想は「無内容の自由」を否定的な自由、非本質的な自由、頽落した自由として理解してきたが、「自由は、意識的自己規定として積極的に（positiv）思考することである」と述べるキルケゴールもまたこの伝統を継承している。[*66] 自由は真理と不可分のものである。

建徳もまた愛と深く関わる。「建徳的なものがあるところではどこでも愛がある、愛があるところではどこでも建徳的なものがある」[*67]。このようにキルケゴールは愛と建徳をぴったり重ねて理解していた。愛の業がなされるのを見たり、自分が愛されたり、つまり愛に触れるとき、人は建徳される、つまりその精神は此岸を離れより神に近づく。

「いったい人間に愛するということ以上のことができるでしょうか？」[*68] キルケゴールにしてみれば、愛は人間に課された唯一の、そして最高の義務である。それを欠くところでは、人間は生きる希望も、自己との和解も、他者に対する責任ももつことができない。キルケゴールは愛の正誤を問題にするのではなく、愛の浅深を問題にしたとも言えるかもしれない。それぞれの愛が間違っているのではない。もしその愛が間違っているように思われるような欠点を残しているとすれば、その愛はまだ浅いのである。その愛の欠点は、深められることによって、自ずと消え去る。キルケゴールはそのように考えて、愛の深化ないし純化を促そうとした。

愛に専心するキリスト教をキルケゴールは異教と対比する。「異教徒もまた愛を、愛の美しさを、愛の力を讃美しました。しかし異教徒の愛は他の何かになることができ、異教徒はたいていそれを愛以上に賛美しました」[*69]。キルケゴールによれば、キリスト教は愛にその他の何よりも高い価値を認める。それ以外のものは愛よりも低い価値しかもたない。愛以外のものをいくら集めたところで、それらは愛に匹敵する価値を決してもちえない。キリスト教はそのように愛に最高の価値を置く。それに対しキリスト教以前の古代異教の世界においては、愛にそのような最高の価値が置かれることはなかった。愛に価値が見いだされていたにせよ、その価値はその他のものに見いだされる価値と並び立つものでしかなかった。場合によっては、愛以外のものが愛よりも大きな価値を認められた。愛は愛によってのみ測られるものであるのに、愛の真の価値を見いだし損ねる異教徒は、例えば愛を富に置き換えたり、愛よりも富を優先するというようなことをしてしまった。

与えるということ

愛するとはどういうことか。キルケゴールは、これを「与える」ということと結びつける。だが与えさえすれば愛しているということになるわけでもない。愛なしに与えることも可能だからである。適切に愛するのは決して容易なことではない。その難しさについて次のように言われる。

あなたが現に与えようと思っているときは、あなたが取り返したいという気にならないようにと、神の前の平等が成就されるようにと、神の言葉が見張ってくれています。〔…〕あなたは、お返しするものを何も持っていない困窮者に与え、助けようと思っていたはずなのに、あなたは彼に何かを、すなわち彼のかしこまった対応を、彼の賞讃を、彼の従属を――彼の魂を要求するのですか。*70

たとえ与えるにしても、そのとき私たちは相手から賞讃されることを期待していないだろうか。あるいはそれを見た周囲から賞賛されることを期待していないだろうか。相手がこちらにかしこまったりこちらに従属することを見込んでいないだろうか。与えるときに相手を支配してしまうことを喜んでいないだろうか。人間平等を壊すような仕方で与えていないだろうか。もしそのようにして与えているとしたら、そこにあるのは愛ではないとキルケゴールは言う。

ここにあるのは、与えることの難しさの問題、与えることで何かを手にしてしまう問題、愛することの評価をめぐる問題である。与える者は、与えることで、与えられた者よりも高い位置にあるのか。愛する者は、愛することで、愛された者より、高い位置に立つことになるのか。もしそうだとすれば、愛することは、高い位置に到達するためになされることになってしまう。

ここでキルケゴールは「すべての善い贈り物は上から来る」という「ヤコブの手紙」の一節について語る。[*71]

〈すべての善い贈り物は上から来る〉ということをあなたが心がけているなら、あなたが与えるために差し出す右手はすばやく隠れて、左手は何も知らないままです。そのときあなたは、善行者があえてそうするように人知れず喜び、その贈り物をもらう者と同様に喜び、そして二人がともに〈贈り物が上から来た〉という同一のことを喜び合うでしょう。というのも贈り物を与えたのは見えざる手だったのですから。[*72]

ポイントは、神を信仰することで、〈すべての善い贈り物が上から来る〉ことを理解できるようになるというところにある。ほんとうに善いものはこの世に帰属するものではない。ほんとうに善いものはこの世が生み出すものでもない。もちろんこの世にも善いものはある。人間にとって価値あるものは存在する。しかしキリスト教的に言えば、善いものはすべて「永遠性のあの世」から来るものである。というのも、善いものは神が造り、この世に与えるものだからである。こう考えることで、人間が誰か他者に何かを与えるとき、その主語は実は与える人間ではなく、その善いものを創造した神だという状況を浮かび上がらせることができる。そうすることで、与え－与えられるという人間同士の関係から、与える側の傲慢と、与えられる側の屈辱とを取り払うことができる。と同時に、両者はそうした贈与が、神がまずもって与えてくれたがゆえに可能であることをともに知り、そのことをともに喜ぶことができる。人間と人間しかいない状況ではどうしても残るアポリアが、もう一人、神という主体が登場することで消滅するのである。

こうした理解は所有についての理解とも関連する。キルケゴールはたとえある者がそのとき財を所有していたとしても、実はその所有者は神であると言う。「人間は自分が持っている富を最後には手放さなければならないということは誰でもよく知っています。しかし富めるキリスト者は、富を保持しておくために手に入れたのではなくて、委託された財として手に入れたということを弁《わきま》えます。[…] 所有者は神なのです[*73]」。人間は一時的にこの世で生き、一時的に財を所有する。しかし実は、その財を所有しているというのは正しくなく、神から委託されてそれを一時的に管理しているだけなのだと言う。様々な財が自分の手元に回ってくるだろうが、それらはほんとうは神のものなのだから。適切に管理するとは、必要とあらば隣人に与えるべきものとして所有し、与えるべきときには与えるべしという義務とともに所有することを意味する。

在天の神は一羽の雀も待たせません。だからあなたは困窮者を長い間待たせてはいけないのです。さもなければ、あなたが与えるのは神のためではなくて、おそらくは懇願してくる彼から自分を解放するために与えているのだということが明らかになります。[…] あなたが与えるべく持っているものは善い贈り物でも完全な贈り物でもありません。あるいはそれは、あなたが単に管理人だからあなたの手元にあるのです。つまりあなたは贈り物よりも取るに足らないものなのです。[*74]

その財を必要とする困窮者がいたらすぐに与えなければならない。待たせてはいけない。時間のこの世にある人間は取るに足らないみすぼらしいものである。財を所有しているからといってこの事実は変わらない。人間は自分が所有する財よりも取るに足らないものである。そのことを忘れて財を所有してはいけない。その財よりも取るに足らないものとして、それを必要とする困窮者がいれば、即座にそれを与えなければならない。そうすることよって人間は神に仕えるのである。

「富めるキリスト者は自分の地上の富から喜びを引き出すことができます。それは、その富を用いて何か善いことをする機会が与えられるたびに、他の人に奉仕することができ、同時に自分の神にも仕えることができる、そういう喜びです。〔…〕他の人間に奉仕し、同時に神に仕えるということよりもさらに浄福に満ちた一石二鳥などありません！[*75]」隣人を愛することで、隣人に与えることで、隣人に仕えることで、人は神に仕えることになる。人間のために働くことと神に働くことは矛盾しないどころか、別々のことですらない。与えることが人間にとって最高の行為であるゆえんである。

そうは言っても、なお与えることは難しいと思われるかもしれない。キルケゴールはそれが容易だとは決して言わない。それは困難なことである。ここでキルケゴールは、「彼はいつも神をはっきり思い浮かべます。そうすると自分自身では何もできなくても、神とともにいることでいつもますます多くのことができるようになるのです」と述べている。[*76]

神を信じない者の耳には、こうした言葉はナンセンスに聞こえるかもしれない。しかしこれが信仰者にとっての現実なのであろう。神に関わることで、他者が自分と平等の存在であることを理解「できるようになる」のである。自分が人格をもって生き始めたように、他者も人格をもった者として存在することを理解「できるようになる」のである。そのために自分に何ができなくて何ができるのか、理解「できるようになる」のである。そうして自分がすべきことが実際に「できるようになる」のである。そのようにできることが実際増えるのであろう。

卑賤のキリスト者

すでに人間平等と、人間の「取るに足らなさ」「みすぼらしさ」について見た。キルケゴールは「取るに足らないことのうちにある平等」について語る。

与える者が贈り物よりも取るに足らなく、かつ受け取る者が贈り物より取るに足らないとき、そのときにまさに平等が実現しています。つまり、取るに足らないことのうちにある平等です。贈り物に対して取るに足らないことのうちにある平等です。なぜなら贈り物は上から来るのですから。贈り物は、本来、両者のどちらにも属さないか、あるいは両方に同じだけ属します。

つまり神に属するのです。[*77]

「取る足らない」と訳したのはringeという語であるが、この語は、キリスト者の有り様を表現するキルケゴール思想において最も重要な語の一つである。みすぼらしい者であること、卑しい者であること、富とは無縁の状態にあること、人々に顧みられないこと。そうしたことを含意するが、以下ではそうした意味を明示するために「卑賤」と訳すことにし、キルケゴールの卑賤論を詳しく見ていきたい。

人間社会においては誰もが裕福な生活を送れるわけではない。大きな富を手にする人もいれば、人並みの富を手に入れる人もいれば、一切の富を失う人もいる。そうした様々な境遇を生きる人間たちの間で「与える」ということや愛や同情が問題になる。

あなたの身になることとなんて誰にもできやしないなどと言っているうちは、あなたは人の身になるということがどういうことなのかよくわかっていないのです。[*78]

キルケゴールはこう述べて、誰かに過大な共感を求めることを諫めている。そんなことは人間にはなかなかできるものではない。なぜなら正確に共感するためには、同じ境遇に身を置かなければならないからである。単に話を聞いて想像し、気の毒に思ったところで、共感しているわけではない。

このように述べるときにキルケゴールの念頭にあるのはキリストである。「苦しむ者であるあなたよ、他者に不可能なことを要求するのではなく、真の分別を示しなさい――苦しむ者の立場に完全に身になることができる人が確かに一人います。主イエス・キリスト」[*79]。十字架に磔にされて殺されたことに象徴されるように、キルケゴールもまた、イエス・キリストは苦しみの極致を生きたと解している。食べるものがないこと、住むところがないこと、人々に見捨てられること、孤独のうちにあること、死を望むほどにうちひしがれること、つまり人間が体験する苦しみのすべてをキリストは体験した。身体の苦しみばかりではない。精神の苦しみについても、キリストは私たち人間が経験することを、私たち以上に経験した。人間を愛するためにこの世にやってきたのに、誤解され、逆に侮蔑され、嘲笑され、罵倒され、迫害され、虐げられ、鞭を打たれ、拷問され、大衆の歓呼のうちに十字架にかけられた。キルケゴールは聖書をそのように読んでいる。

キリストは完全にあなたの身になってくださいました。〔…〕真の共苦〔＝同情〕は、ほんとうに慰めるために完全に苦しむ者の身になりたいと心から思うのです。しかしそれは人間的な共苦にはできないことです。それはただ神的共苦だけができることです――そうして神は人となられたのです。神は人間となられました。そして神は、すべての人間のうちで絶対に最も苦しんだ人間となられました。[*80]

先述したように、そこまで与え、苦しむことは人間にはなかなかできない。しかし与えることには何の才能もいらないのであり、キルケゴールは、キリストのように与え苦しみを引き受けようとすることは、キリストを信仰する者に可能だと言う。そして苦しむ隣人と同じ境遇に身を置くべしという要請を免じない。「ただ卑賤な者だけが救われると信じています。というのも卑賤な者という資格においてでなければ、あるいは卑賤な者としてでなければ、誰もキリスト者になることはできないし、キリスト者であることもできないからです[*81]」。キリストを信じる者にはキリストを倣うことが義務として課されるのである。卑賤の境遇に身を置いたキリストがキリスト者の模範である。隣人を愛そうとするキリスト者たちにとって、卑賤の境遇に身を落とすことを厭わずに隣人を愛することが義務となる。「あなたがキリスト教のためにどれだけ多くのものを捨てたかをあなたの生活が示す分だけ、あなたはキリスト教を讃えるのです[*82]」。このように、キルケゴールは卑賤を比喩的な意味で理解することを許さない。卑賤はキリスト者に字義通りに求められるのである。

人間であれば富を所有したいと思うものである。善いことをして相手に感謝され、尊敬を得たいものである。だがキルケゴールはキリスト教の原理と「時間のこの世」の原理と鋭く対照させる。キリスト教は自然的人間性を超越したものだからである。では、卑賤のキリスト者は人々に尊敬されるのだろうか。「ある人が多くの利益を得られるような人生を選べば（これは何ら高潔なことではありません）、世界は賞賛します。しかしある人が一切の利益を放棄し、しかも世界から尊敬されるという利益さえも放棄するなら（これこそが高潔ということです）、世界はこれをとてもばかげたことと見なします」[83]。キルケゴールは、キリストに倣って卑賤となった者は多くの人々によって嘲笑されこそすれ、多くの人々（あるいは大衆）に尊敬されることはないと考える。これは、キリスト教が国家と重なることになった状況ゆえの、それに対する批判でもある。キルケゴールの目には、キリスト教国デンマークはキリスト教の精神を体現している社会には見えなかった。やはり「時間のこの世」は永遠の世界ではない。愛を行う者がいないではないが、しかし全員が常にまったき愛を行うわけではない。キリストがなしたような法外な愛をなせば、多くの人々は依然としてそれに躓く。

しかしそれでもなお、卑賤のキリスト者が理想であることについてはキルケゴールの考えは揺らがない。キリスト教を信仰するのならば、できる限りキリスト者の理想へと自らを近づける努力をしなければならない。理想がこの上なく高く、達成が困難であるからといって、理想を割り引くような欺瞞は決してすべきではないというのがキルケゴールの考えであった。

実際に助けるのでなければならない

とにかくキリストが時間のうちでこの世のうちで窮乏する者を助けたということは決して忘れてはいけない。それは確かである。人が誤ってキリストをあまりに精神化し、彼をまったくの残酷さにしてしまうこともあるのだ。一般に〈精神〉、絶対精神は、惨めな人にはこの上なく残酷である。[*84]

キルケゴールの実存の思想は、ここに究極的な表現を見いだす。彼が抽象を嫌うのは、困っている人を抽象的に助けることが絶対に不可能だからである。私たちは実際に具体的に隣人に手を差し伸べなければならない。いわゆるウィン－ウィン関係に固執していてはそれは不可能である。善をなそうとするならば、私たちは犠牲を覚悟しなければならない。しかし、私たちにそれができるか。

私たちは自分を欺くことを止めましょう、神を欺くことも止めましょう。すべてのものを所有しながら、一切を放棄する人間であるかのようにしていますが、自身をそんなに高く評価するのは通りません。神は私たちが一切のものを放棄することを要求しないとしても、誠実は私たちに要求しています。性急に興奮して一切のものを放棄しようと努めるようにと、私たちは性急に興奮して誰かにけしかけているのではまったくありません。神が要求するのはおそらくそういうことではないし、彼にも要求していません。そういうことではなく、神がすべての人間に要求している誠実であることを私たちは薦めたいのです。だから本当に真剣な事態になった場合に、何千もの人のなかで一人の人間によってしか果たされないようなことを、一つの決まり文句にしたり、決まり文句の形で私たち全員のこととして語ったりするのは、あまりにもおかしいのです。[*85]

キルケゴールは倣いの要求をなしにすませようとするキリスト教の欺瞞を問題視している。キルケゴールが考えているのは、こうした理想を真剣に目指し、果たし損ねた場合は、それを神の前に認める誠実さである。もし私たちが理想を目指さなかったら、これを達成し損ねることすらなくなってしまう。そうすると当然、それについて神に赦しを乞うこともなくなってしまう（赦しを乞えば、あるいは神は赦してくれるかもしれない）。神は必要なくなる。神との関係は不要となる。

キルケゴールは当時において世俗化が進行していることを認識していた。だからキルケゴールはキリスト教を残すためにも、決して卑賤の要求を取り下げるべきではないとする。「恩寵を不可能にする罪があります。それは誠実でないことです。そして、神が無条件に要求されるものが一つあります。それは誠実であることです」[*86]。神の要求を受け止め、果たそうとし、果たし損ねたならばそれを誠実に神に対して認めること。そうすることによって人間は神と関わり続けることができる。隣人愛に努めることができる。そのためにも卑賤となることを厭わず隣人愛をなせという要求は聞かれなければならない。キルケゴールが当時のキリスト教に欠けていると見なしたものはこれであった。

西洋における尊厳論の起源としてのキリスト教

人格の尊厳に関する議論は、ヨーロッパにおいて中世の三位一体論とともに展開してきた。最大の価値を意味する尊厳は、もともとは神にあると考えられ、それが三つの位格に認められていた。これが人間的人格にも認められるようになったのは一三世紀にいたってのことであった。[*87]そこで人間にも尊厳が認められたのは、人間が神と理性的本性を共有するがゆえであった。つまり善悪や真偽を解し、愛するという能力を神と共有すると考えられたがゆえであった。人間は神に似せて創造されたという神の似姿論はこの文脈で意味をなす。その過程で人格は個別的存在（キルケゴールが言うところの個人や単独者）に認められるようになった。それまでの議論の展開を受けて、トマス・アクィナスは「他の被造物は〈他のもののためにどれだけ役立つか〉という〈有用性〉によって価値が語られるが、ひとり人間のみは〈それ自体〉で価値をもつ。つまりは他のものとの比較不能な価値をもつ。これが〈尊厳〉と呼ばれる価値である[*88]」と述べた。

「人間が自分に似るようにと、自身の像をもとに人間を創造した[*89]」。このようにキルケゴールも似姿論を継承し、人間の尊厳は神の尊厳に与《あずか》ると考える。キルケゴールは人間の単独性を強調したが、それも、右のような個別化原理をもって人格を理解し、それに尊厳を認めるキリスト教思想史のいわば「通説」を継承するものである。だがキルケゴールの人格や尊厳に対する理解は、部分を全体に従属させる一般的理解の枠に収まるものではなかった。

私たちはつい全体と部分の構図のなかで、諸個人を全体を構成する部分と見なしがちである。そうして一人ひとりに対して全体を優先させて、一人ひとりの尊厳を毀損する。それは不可避だとか必要悪だなどと言って正当化してしまう。しかしそのときに尊厳は果たしてなお存在しているのだろうか。それはなお尊厳と呼べるものだろうか。

部分を全体に従属させてイメージするところにすでに誤りがある。キルケゴールによればそれは精神なき世界で通用する理解の仕方でしかない。キルケゴールは部分を全体に従属させる論理を次のように転倒させる。「共同体にいるのは単独者である。単独者は共同体を形成する際にそれに先行するものとして弁証法的に決定的である。共同体において単独者は質的に不可欠のものであり、いかなる瞬間にも〈共同体〉よりも高次のものになることができる」[*90]。キルケゴールは全体ではなく諸個人を先行させるのである。繰り返すが、尊厳とは最高の価値を有するものとして決して毀損してはいけないものである。そしてその尊厳はあくまで各人が有するものである。「単独者は単独者として普遍的なものよりも高次にある」という逆説をキルケゴールが語ることの意味はここにある[*91]。個人の尊厳を確保するために、単独性は不可欠なのである。

現代デンマークにおける尊厳と平等

人間の尊厳と平等の観念は、現代デンマークにおいても宗教的にのみならず政治的にも機能し続けている。すでにキルケゴールの同時代人のN・F・S・グルントヴィも、「富を持ちすぎている人間の数がごく少数で、貧困に苦しむ人間の数がそれよりもさらに少なければ、私たちは平等について大きな成功を挙げたと言える」と述べて、平等な社会を理想としていた[*92]。周知のように現代デンマークは格差の小さな社会を作ることに成功しているが、その背景にはこうした平等の思想がある。

私がデンマークで生活した際、日本との違いに驚いたことはたくさんあったが、そのなかの一つは大学生や大学院生に生活費が支給されることであった。学費が無料というのは他のヨーロッパの国々でも実現していることであろうが、デンマークではそれのみならず学生に毎月八万円程度の生活費が支給されるのである。どうしてか。それはデンマークが国民一人ひとりの自立を重んじているからである。同時にデンマークは人間が「人間らしく」あることを非常に重視する。これは労働時間中であってもそうである。労働時間であっても非人間的にしか存在できない時間は悪であり、そのような時間はあるべきではないと考えられている。そして人間らしくあるためには、自立や自己決定が尊重されなければならないと考えられている。学生であれ、生活しなければならないのだから当然生活費がかかる。親に経済力と理解がない場合は、学生はアルバイトをしなければならなくなる。そうすれば当然本業の勉強がおろそかになる。せっかく大学教育を施しているのに、成果が半減するようなことになれば、それは国家としても損失である。学費や生活費がかかるとなると、子どもは家の経済に依存することになる。そうなると進路を選ぶときなどに、出資者である親の意向を聞かざるをえなくなる。だが親の意向と子の意向が一致するとは限らない。ある者が親であれ誰か他者の意向にしたがって生きなければならないならば、彼の自立は妨げられている。国民にそのような「人間らしくない」生活を強いてはいけない。それは国民の不幸を容認することになるから。そう考えてデンマーク国家は学費は無料にし、学生に生活費を支給する。尊厳の観念があるからこそ、こうした政治が実現するのである。

もちろん、デンマークにも問題がないわけでは決してない。例えば医療サービスには問題があるし、地方が衰退するなど、経済的格差も拡大する傾向にある。しかしそうした短所を認めるにしても、その長所はやはり長所である。他国の欠点よりも長所の方にまず目を向けることの方が、そこから何かを学ぼうとするときにははるかに有益であることは言うまでもあるまい。

なお蛇足とも思われるが、すべての現代デンマーク人が「キルケゴール的」なわけではないことを一応、付言しておく。現実のレベルと思想や理念のレベルが別であることも付け加えておく。ここでは単に、キルケゴール思想とデンマーク社会の間に、方向として一部共有されたものがあることを言っているだけである。当然すべてではない。キルケゴールの理想は現代デンマークが体現しているところよりもはるかに高い。

人格なき日本人、尊厳なき日本社会

翻って日本には、こうした尊厳や平等の観念があるだろうか。確かに我が国の憲法十三条には「すべて国民は個人として尊重される」と記されている。だがこの規定は守られているだろうか。私たちのうちで当たり前のことになっているであろうか。家庭で、学校で、職場で、その他様々な人間関係で、私たちは個人として尊重されているであろうか。その尊厳に見合った扱いを受けているであろうか。他者を個人として尊重しているであろうか。その尊厳に見合った扱いをしているであろうか。子どもだとか、生徒だとか、女性だとか、弱者だとか、様々な区別によって自らの尊厳を毀損されていないだろうか。あるいは他者の尊厳を毀損していないだろうか。

実際、意識しているとしないとにかかわらず、尊厳が毀損される事例は無数にある（もちろん他国にもあろうが、その事実は日本の事実をかき消すものではない）。尊厳は多くの場合、毀損する者が意識しないところで毀損される（尊厳の観念がない者においては、彼（女）自身が毀損されていることに気づかないこともある）。

この国では現在でも「家」の文化や法律が残っており、私たちはしばしば個人としてではなく家の人間として見なされる。家の決定に従い、実際の社会においても家の人間として見なされ、遇される（例えば、「自助」を求められるなかで、生活保護を申請する際の扶養照会などが問題になっている）。デンマークの状況に照らせば、日本の特殊性は容易に理解される。問題は、その特殊性がしばしば「文化」として肯定されてしまうことである。だが文化というのは、実際には、これまで少なからずの人間たちがそうしてきたということを意味するにすぎない。そして今までそうしてきたからといって、現在と未来においてそれを継続すべきだということには必ずしもならないのである。そこには正当化が欠けている。必要とあれば修正しなければいけない。文化ということで思考を停止せず、変更が必要かどうか、どのような変更が可能か、どのようにしたら実現できるか、私たちはもっと粘り強く考えてみなければならない。

人格神を信仰する伝統も、人間の尊厳が神の尊厳に与ると考える伝統もない我が国の人間たちにとって、西洋人のように人間や人格の尊厳について理解するのは決して簡単なことではないのは、当然と言えば当然である。だが我が国において人間関係や社会関係における近代化が遅々として今なお進んでいないのは、こうしたことに起因するものと思われる。この国には尊厳と不可分の「決して犯してはならないもの」という不可侵の観念がないのである。そうしたなかでいくら人間の尊厳という言葉ばかりを言ってもほとんど意味をなさない。憲法を書いた人間が尊厳について理解していたとしても、国民すべてがそれを理解していることにはならない。

歴史や文化のうちにない以上、学校で学ぶ必要があるが、この国が人権教育に力を入れているとはとうてい言いがたい。本来、学校は、生徒一人ひとりの尊厳に見合った接し方をすることで、知識として人権を教えるのみならず、体験レベルから（つまり実存を加味して）人権を教える場であるべきだが、実際には逆で、生徒を集団の一員として扱い続けている。そうして戦後民主主義は昨今においては忘れられる傾向にある。最近も、生徒が白い下着をつけているかチェックする学校が少なからず存在することが問題になるなどしている。

尊厳が理解されていない場では平等が実現することもありえない。人間の平等の観念もまた、近代化する以前の日本にはなかった。この国にあったのは身分制社会である。近代化するとともに平等の観念を輸入したが、身分制社会の伝統を引きずったままで平等の観念を受容したため、平等は、例えば各人の違いに配慮せず全員に同じものを付与するという意味合いで理解された。人間が存在として平等であることが理解されていないため、平等を実現するにはどうしたらいいのか、各人はなかなか上手に判断することができない。いずれにしても平等は個人性や尊厳を無視した形で理解され、また実行に移されてきた。

明治期には和魂洋才の思想のもと、我が国は技術力を発展させた。現在はノーベル賞受賞者を輩出することも稀ではない。[*93] そのためしばしば人は日本を近代化した国と理解しがちである。だが精神の領域においては日本人はいまだ近代化したとはとうてい言いがたい。近代的な倫理を身につけた者はそれほど多くない。近代民主主義は、自分の判断に自信をもつ諸個人を前提とするが、この国にはそうした個人はいまだ半分にも満たないであろう。何かある問題について、自分よりも詳しい人に判断してもらう方が適当だと考える人間が無数にいる。制度だけ近代化しても、そのなかで実際に生きる人間が近代的でなければ、制度がうまく機能するはずもない。昨今の我が国の混乱はこうした制度と人間精神のズレから生じているように思われる。

第四章　キルケゴールから現代へ

本章では、議論の重心をさらに現代日本の方へと移していきたい。

キルケゴールは一九世紀半ばの人だったから、今から一八〇年ほど前の人ということになる。キルケゴール思想を現代に生かそうとするならば、その後に起きたことや、当時と現代の状況の違いは決して無視しうるものではない。ましてや日本社会のなかでこれを活用しようとすれば、とりわけ宗教をめぐる文化的歴史的文脈の違いも考慮しなければならなくなる。ただし文化や歴史が異なるところであっても、思想的哲学的可能性まで無効になるということはないと私は考えている。人は異文化に対して開かれていることができるし、精神的交流も可能である。とはいえある思想を実生活のなかで生きようとするのであれば、当然周囲との関係が生じるわけであり、文化的歴史的文脈の違いはやはり考慮しなければならない。

前章までは基本的にキルケゴール思想に則って（つまり私の考えを差し挟むことを極力控え）論じてきたが、本章では以下、私の考えについても書き表していくことになる。そこには、キルケゴールの考えと重なるところもあれば、似ているところも、違うところもある。つまり私の考えはキルケゴールの考えを全面的に踏襲するものではない。私の考えをキルケゴールの考えと同じものと見なさないようご注意いただきたい。

キルケゴールについて主に論じてきたのは、キルケゴール研究者と、自らの思想を提示する哲学者や神学者、思想家の二つに大別することができる。前者は本来、キルケゴール思想の正確な理解を目指すものだが、しばしば後者に近いところで、それの肯定的な解釈を示すだけでなく、その延長線上でキルケゴール思想の「権威」を借りながら自身の思想を提示することが目的となる場合も少なくなかった。その場合、自身の思想に夢中になるあまり、無自覚ながら、あるいはその本質を開示するつもりで、自身の思想へとキルケゴール思想を引き寄せて、これを変形させてしまうこともあった。研究者は、自身の思想とキルケゴール思想とを混同しないよう慎重でなければならない。

後者の多くは、しばしば、自身の思想を高く掲げて見せるためにキルケゴールをいわば踏み台として利用した。自身の思想が画期的なものであることを際立たせようとするあまり、あるいは単なる誤読により、こちらもまたキルケゴール思想を変形させて語ることがしばしばであった。キルケゴール研究を徹底して行うことなく、その一部だけを見て、そこで思考を徹底する方法をとるため、彼らのキルケゴール理解はどうしても恣意性を免れることができなかった。ハイデガー、アドルノ、ヴィトゲンシュタイン、フーコー、デリダ、レヴィナス、ドゥルーズら、二〇世紀の多くの哲学者がこれに当たる。もちろん彼らの哲学には見るべきところが多々あるが、キルケゴールが指し示したベクトルを最後まで辿りきらずに、途中で別の方向へと進んでいった印象は拭えない。本書の主題との関連で言えば、彼らはしばしば「人間の終焉」を語ったが、それは人間「である」ことについての批判的考察であって、人間に「なる」、あるいは「なろうとする」ことについての考察は不十分なままにとどまったように見受けられる。

そこでまず私の立場について、基本的な点を明記しておく。

まず第一に、私はキルケゴールとキリスト教信仰を共有していない。キルケゴールはキリスト教信仰を前提に議論を展開していたが、私にはそれはできない。超越性の思想には賛同するが、特定の神の啓示を私は信じることができない。したがって私は、キルケゴール思想の賛同できる部分について肯定的に論じる場合であっても、それをキルケゴールと同じ仕方で肯定することはない。私は、キルケゴール思想のある部分を「厳密にはキルケゴールと違う仕方で」評価するのである。他方には当然、評価しない部分もある。

とはいえ私はキリスト教的なものをすべて否定的に評価することもない。右に述べたように哲学的に解釈することによって私の論理のうちで肯定することがある。また、わからないところはわからないままにしておき、否定することは控える。わからないことは、否定する根拠がないことを意味するのであるから。私の考えと違うからといって、わからないところまで否定するつもりはない。

第二に、デンマークやヨーロッパ、あるいは日本という括りについて。私は、デンマークであれ、ヨーロッパであれ、日本であれ、それぞれが歴史をもち、それが現在へと続き、現代の状況があることを当然認めている。だが、ある仕方で考え、行動する人が多数存在することは、彼らの思考と行動を思想的哲学的に真理と認める根拠とはならない。日欧いずれにおいても同様である。ある考え方や行動の仕方が一般的であっても、哲学的に肯定しえない場合は修正を求める。

私は日本人であるが、だからといって日本にある考え方や行動の仕方を正しいと認め、ヨーロッパにあるそれらを正しくないとするわけではない。そしてまた、私はキルケゴールの研究者であるから、あるいはヨーロッパ思想の研究者であるから、キルケゴールやヨーロッパにある考え方を真理とし、日本のそれを非真理とすることもない。私は、ヨーロッパにある考えや行動の仕方のある部分を評価し、またある部分を評価しない。それは日本についても同様である。

右で私が述べたことは、私の立場が、日本とヨーロッパの「ちょうど中間にある」という意味ではない。そもそも私は、それらのちょうど中間に立場を設定したいと考えていない。ちょうど中間に真理が見いだされる保証は何もないからである。そうした解決は、日本人がしばしばイメージする類いの「政治的」解決にすぎない。それは利益を調整する行為でしかない。私はある問題に関しては、中点よりも日本寄りに立つかもしれないし、また他の問題に関してはヨーロッパ寄りに立つかもしれない。日欧を結んだ線上から外れるところに立つかもしれない。それは哲学的に考えた結果そうなったのであり、考察する前からそこに目標を定めたのではない。

ただし日本語で書かれた本書は、当然、日本語を解する人を読者として想定している。そのため、論述の大部分において、日本人の考え方や行動の仕方について問題にすることになる。多くの場合、それを賞賛するのではなく批判することになる。問題は解決した方がいいと考えるからである。

第一節　人間の惨めさ

キルケゴールと啓蒙

ヨーロッパでは一八世紀に啓蒙思想が登場した。これは人々を教え導くという一般名詞の啓蒙とは異なり、それまでの教会や王権が大きな権力をもって規定してきた道徳、社会、政治システムを根本から作り替え、人間ないし人民が自身の力によって自身の幸福を増そうとする思想ないし企てである。啓蒙思想家が宗教をどう考えていたのかについては、人によって異なるところがあるが、大づかみに言えば、啓蒙は、世界の主体ないし主役を神から人間へと読み替えるものであった。人間のもっている能力を「正当に」評価し、それを発展させ、人間にできることを増やし、人間の幸福を増す。言うまでもなく、この啓蒙の企ては現代にまで続いている。

キルケゴールは一九世紀の人だったから、彼もまた啓蒙の空気を吸って育ち思想を形成した人間である。[*1] 第一章ではその主体性理解について見たが、自己を自分の力で形成し、成熟させなければならないと考えるところには、啓蒙との類似が認められる。さらに言えば、第二章や第三章で見た人間の平等や尊厳の問題は、キルケゴールと啓蒙が最も接近する地点である。啓蒙には様々な側面があるが、圧倒的な神の尊厳の前に人間の尊厳が十分に認められないそれまでの見方を批判し、人間に尊厳を認めようとする側面を有していた。キルケゴール思想は、確かに人間に対する神の優位性を考える点で非宗教的な啓蒙とは別のものだが、しかしそれは人間から尊厳を剥奪するものではなく、むしろ彼は、神と関わることによって人間の尊厳を高い次元で認めることができた。神について主に語るそれまでの神学とは異なり、神に関わる「人間」が議論の場となっているところにも、キルケゴールが啓蒙を経た後の思想家であることがうかがえる。

とはいえ、キルケゴールの人間観と啓蒙のそれとの間には決して看過しえない大きな溝があった。啓蒙が人間の能力や有能さを楽天的に信頼しているのに対し、キルケゴールはこの点に関して極めて悲観的であり、むしろ人間を「惨めな存在」と捉えるからである。[*2]

人間の惨めさ

キルケゴールは人間の惨めさについてどう捉えていたのかを見るところから始めよう。「自分ではまったく何一つできないということについて人間が完全に得心していること、これが最高のことである」[*3]。「宗教的には、人は神の前に全く無であるということ、あるいは、全く無でありそしてそれによって神の前にあるということ、を理解するのが課題である」[*4]。キルケゴールにはこうした人間の無力さについての洞察がある。

人間には何ができて、何ができないのか。キルケゴールは人間の限界を、自己関係における限界へと辿ってゆく。人間は自分を意識する。目に見える自分、鏡にその姿を認めることができる自分もあるが、内的な自分もある。これを自己という。人間は自己に関わり、これを形成しようとする。

人間が精神であるというのはこれをなすことを指してのことである。だが「私たちは自分自身を解放することはできない」[*5]。キルケゴールはここで、自己を完全に支配する、つまり思いのままにすることは人間にはできないと言うのである。誰よりも自分の近くにいるのが自己である。誰よりも長く一緒にいるのもこの自己である。自己といい関係を作ることは、人間が幸福に生きるための条件である。逆に自己といい関係を作れなければ人は決して幸福には生きられない。それは苦しい人生になる。だがこの自己との関係を支配しようとしても、人間にはなかなかうまくいかない。自分のことさえ満足のいく形で整えることができない。キルケゴールはここに人間の無力さや惨めさの根源を探る。

私たちには何ができるのか。これに答えるためには、他のものに一切頼らないという条件で考えてみなければならない。確かに人は歩くことができる。健康であれば。しかし健康を自分の力だけで確保できるかと言えば、そうではない。私たちは特に自分で健康を害するようなことをしなくても急に病気になりうる。その病気も自然に治癒することもあるが、しないこともある。病院で診てもらっても、さらに悪化する可能性が常にある。確実にこれ以上は悪化しないという「底」などというものは存在しないのである。

私たちはじゃがいもを作ることができる、自然条件が揃えば。災害が起これはかなわない。私たちは偉大な芸術家になることができる、才能や出会いに恵まれれば。だが才能も出会いも自分で確保することはできない。私たちは総理大臣になることができる、自分に政治力があり、人々の支持を得ることができれば。だが政治力とはまったく関係のないところで人々の投票先が決まることとは私たちがいつも目撃している通りである。つまり私たちは何でもできるのだが、自分の力ではどうにもならないその他の条件も常に複数存在しており、実際には自分の力だけで達成できることは何もないのである。

「人間が何を遂行し、何を遂行しないかということは、彼の力ではどうにもできないことである。人間は世界を支配する者ではない」[*6]。人間は世界との関わりのなかで様々なことを実現する。だがそれは人間が世界を支配しているということを意味するのではない。現代人もいまだ解決のできない問題をたくさん抱えている。意志する対象を減らせばそれは可能かもしれないが、しかしそれは人間にあらゆることを思い通りに支配することが可能だということではない。様々な他の力に支えられていくつかのことがうまくいくだけである。

「無力である」という他に、キルケゴールは「取るに足らない」あるいは「みすぼらしい」こと、「卑賤」であることを表すringeという語も頻繁に使う。ringeを英語の辞書で引くと、small（小さい）、little（少ない）、scanty（乏しい）、low（低い）、poor（かわいそうな）、inferior（劣った）、feeble（弱い）、trifling（つまらない）、insignificant（意味のない）、slight（もろい）、trivial（取るに足らない）、mean（地位の低い）、lowly（みすぼらしい）、humble（卑しい）といった訳語があてられている。先述したように、この語は、信仰者が模範とするイエス・キリストのこの世での有り様を形容する語であるため、キルケゴール思想において極めて重要な語である。本書では文脈によって「取るに足らない」「みすぼらしい」「卑賤」と訳し分けている。

「人間が卑賤であることを人間自身よりももちろんよく知り給う神の前に遜《へりくだ》った率直さをもって自らの人間としての卑賤さをすっかり告白する遜り」[*7]。自身が取るに足らない、みすぼらしい、卑賤な存在であることは、キルケゴールにとっては、実体化された神との対照によって意味を得ている。「遜り」がキルケゴール思想において極めて重要な概念であるのはこのためである。だが、この語が指示するところは、そうした神を措いても、人間の状況として十分意味をなす。本章が惨めさとして書くのはこれである。

人間の惨めさは、第一に、身体のレベルで感じられる。私たちは常に老いつつあり、怪我のリスクを抱え、病に罹りやすく、常に可能的に死に瀕している。何かの条件が失われれば、一瞬にして私たちの命は失われる。死なないとしても、半身不随になるかもしれない。痛みや空腹、寒さなど、身体的な不快さであっても私たちの自尊心を傷つけるのに十分である。もっと手前で自分の容姿に惨めさを感じる場合もあるだろうし、自らの障がいに対して感じる場合もあろう。近年は性的マイノリティのこともかなり認知されるようになってきた。いずれにしても、現象の現前性という点ではこの第一のレベルの惨めさが基本になると言ってよいだろう。

第二は対人関係で感じる惨めさである。人間が利害を備えた存在である以上、他者は〈私〉の利益を奪う存在でありうる。様々な利益の争奪に敗れたとき、私たちは自分の弱さや取るに足らなさ、惨めさを感じる。競争に破れると、自分の能力の乏しさに惨めさを感じる。家庭内でも学校でも職場でも、虐待やいじめ、ハラスメントを受ける可能性がある。相手は一人かもしれないし複数人かもしれない。故意にであれそうでない場合であれ、様々な仕打ちを受け、不条理を感じることもあるだろう。私たちは他者（たち）との関係において心理的に、あるいは精神的に惨めさを味わうことがある。

第三に、社会、政治レベルで惨めさを感じることがある。政治は法によって様々な権利や義務を規定する。確かに法は正当とされる手続きを経て規定されるのだが、しかしだからといって法や政治が暴力から無縁で常に正義を実現するかと言えば、決してそうではない。民主主義がうまく機能しないことはしばしばであるし、そもそも民主主義は万能の制度ではない。大きな暴力や不当な権力を生み出しうるし、過去に生み出したこともある。現に生み出してもいる。「秩序ある社会」は、物理的にも精神的にも暴力から自由な社会を何ら意味しない。そのなかに生きる者が惨めさを感じることがない社会を何ら意味しない。そうした社会の現状を前に一人の人間に何ができるのか。自らの力の小ささに絶望することもある。これも人間の惨めさである。

惨めさから目を背けようとする私たち

人間が惨めな存在であるというこの事実は、人間が最も目を背けたい事実、最も忘れたい事実であろう。私たちは、ほとんどすべてのことを自分を惨めさから遠ざけるためになしているとすら言える。子どものうちは、いまだ心的に外界に反応するばかりで存在レベルで物事を認識することができないだろうし、自己と格闘することもないだろうから、惨めさを味わうことはあってもこの事実を明確に認識することはないかもしれない。大人になるにつれて、明確さの度合いは様々であれ、人間の惨めさを知るようになる。そうして惨めさから身を離そうと様々なことをする。努力してできることを増やし、いい学校に入り、お金を稼ぎ、いい肩書きを得、有力な仲間を作り、人々に好かれ、趣味を洗練し、教養を身につけ、自分の存在を安泰にしようとする。しかしいくらそれに成功しても惨めさから完全に逃れることはできない。生きれば生きるほど、人間の惨めさや自分の惨めさが視界に入ってくる。何をどんなに努力し、何を達成しても、人間が惨めなものであるという事実は私たちを追いかけてきて決して逃がしはしない。

一体いかなる人間が正しく真理をもって、自分は暮らしの心配がまったくないと言うことができるのでしょうか。もし富める者がそのように言って、彼の富を指さすならば、彼の言うことには一体意味があるのでしょうか。彼はその瞬間にたいへんな自己矛盾に陥っているのではないでしょうか。[*8]

人間は自らの根本的な惨めさを無にすることはできない。たとえ私たちの努力のいくつかが成功しようと、あるいは目標をすべて達成したとしても、この根本事実は変わらない。というのもそのように惨めさから逃れようと努めていることが、私たちが惨めな存在だという根本的な事実を示してしまうからである。

無力さに絶望しないために

キルケゴールは、人間があるべき状態にないことを「絶望」と呼ぶ。「絶望していることについて無知であるとき、人間は自分を精神として意識している状態からもっとも遠く離れている」[*9]。このように、自身が絶望していることに気づかない場合であっても絶望しているとカウントするところにキルケゴールの絶望論の特徴がある。自分の気持ちが沈んでいなくても、真理からかけ離れていれば、その人は絶望していると見なされる。人間の浄福は真理とともにあるところにあると考えられるがゆえんである。つまりキルケゴールのいう絶望は、心理的な規定ではなく、真理と結びついた規定なのである。

目が見えないために恐れずに歩み、眠りながら歩いているために立ち止まらずに歩んで行くということは完全なことなのでしょうか。そうではありません。そのとき人はやはり次のようにもっと正確に言わなければなりません。危険を知っていること、危険を直視すること、目覚めていること、それが完全ということです。暮らしの心配を持ちうるということ、それが完全ということです。[*10]

私たちは、私たちの実存が安泰ではないことに気づかなければならない。直視しなければならない。惨めであることをうまく忘却できればそれでいいというものではない。私たちが根源的に惨めな存在であるのだから、その事実をありのままに直視しなければならない。事実を誤認すれば、結局は事実への対応を誤ることになる。

啓蒙が人間にできることや理解できることを基準にしていたのに対し、キルケゴールは神を基準にしながら、人間ができないことや理解できないこと、手に負えないこと、制御できないことにも目を向けた。「それはあなたの知に限界があるからではなくて、人間の知のすべてに対して置かれてる限界のためなのです。つまり人間の知は人の心を知る神の全知とは違うのです」と述べて、人間の知にも限界があると強調する。[*11]

すべてがわかっているわけではないということは、実際には、一つの事象についても「完全に」わかることはできないということである。というのもこの世において、実際には、他の事象に関係しない一つの事象、他の事象からの影響を受けない一つの事象といったものは存在しないからである。一人の人間、一つの集団、一つの時代、一つの現象、その他なんであれ、それらはすべてそれ以外の様々なものと関係しており、その他のものやそれらとの関係を把握しきれない以上、一つのものであっても、人間が完全に理解できるものはない。

だが人間は理解を確定したいと思う。「よくわからない」状態というのは基本的に不快だからである。それから実際には、他者と関わって生活しなければならない以上、相互に理解を確定する必要があるからである。ほんとうは強引に理解を確定してはいけないのだが、生活の便宜上、あるいは自分が／みんなですっきりするために、人は様々な事柄について理解を確定してしまう。

ほんとうはよくわかっていないのに、わかったことにしてしまうとき、世界は歪む。そうして世界には様々な不条理が生み出される。よくわからないことをわかったことにするとき、つまり不確定なことを確定するとき、人は自分（たち）に有利なように、あるいは便利なように確定しがちである。そのときに人は、実際、他者に不利益を被らせる仕方で理解を確定しているのである。例えば、高校生とは○○なものだと理解を確定するとき、人は高校生からそれ以外の仕方で存在する自由を奪っているであろう。例えば、日本と韓国がしてきたのは○○なことだと理解を確定するとき、その人は日本と韓国の間に起きた出来事の解釈権を独占してしまっているのであろう。その他様々なことも同様である。人間が理解を確定するとき、人は誰かの自由や権利を多かれ少なかれ侵害する。自分にとっては気づかないほど小さな恣意による決定であっても、相手には大きなダメージを与えているかもしれない。「最も誠実な人の愛でさえ、最も善いことをなそうとしながら、時に他者に損害を与えることにしかならない[*12]」。善かれと思ってすることであっても、その善しとする判断が歪んでいるかもしれない。人間がする理解がそもそも常に恣意性を免れないのである。

そうした「人間の世界」のなかで、私たちは不条理や不正義を被りつつ生きている。そうした自分や他者を見て、時にそれを改善しようとする。だが一人の人間にできることは決して多くない。一人一人の他者との関係のなかで何がしかの善をなそうとすることはできるが、問題の原因が社会にあることを洞察したとして、社会のレベルから問題を解決しようとしても、多くの場合まったく無力である。途方もなく大きな困難を前に、自身の無力さと惨めさを感じ、絶望しそうになる。あるいは実際絶望する。諦めて気晴らしに向かうか、あるいは人生や世界を呪うか。

ここで人が世を呪うのを食い止めるものは何か。この役割を果たしてきたのが文化や宗教であろう。あくまでこの世で人間が被る問題を実際に解決しようと努める立場からすれば、文化や宗教は「気休め」にすぎないものということになるかもしれない。しかしそうした実際の解決が今なお困難であること、その困難さに圧倒されると人は「正気」を失ってしまうこと、そうしたら具体的な問題の解決もできなくなってしまうことを考えれば、文化や宗教を単に有害なものと見なすこともできない。むしろそれは人間にできることとできないことを見極め、精神を調え、問題の解決にできる限り真剣に取り組むことを支えるものともなりうるのである。

対世界であれ、対自己であれ、自分にできることには大きな制約がある。私たちを絶望させるのはこの無力な自分である。人間は自らを救済することができない。先述の表現を繰り返すならば、自分は自分の手に負えない。というのもそのように人間を作ったのは〈私〉ではないからである。もちろん親でもないし、祖父母でもない。人間をそのように創造した者、すなわち神にまで辿らなければ、問題の根本を認識することすら人間にはできないのである。自己との間に調和した関係を作るために、人間はそのように人間を創造した神に立ち返るよりほかない。それがキルケゴールの考えであった。

ここで自らの能力に限界をもつ人間を盲人に例えることができる。人間各人に自分にできることもあればできないこともあるように、盲人もまた自分にできることもあればできないこともある。ただ盲人の場合は、できることとできないことの区別が明確なため、要点を明確にするのに役立つ。盲人にも自分でできることはあるが、しかし目が不自由であるため、盲人は食べ物を手にするにせよ、どこかへ出かけるにせよ、必ず誰かに助けてもらわなければならない。助けてもらわない限り、食べ物を自分の口に運ぶことすらできないのである。盲人は自分の存在を維持することを他者に完全に負っている。盲人はその助けてくれる人を信頼するよりほかかない。たとえその人が信頼できる相手かどうか判然としない場合であっても、その人が差し出すものを口に入れてみるよりほかかない。たとえ過去に裏切られた体験をしても、再度助けてくれるだろうと信じて、差し出されたものを口に入れてみるよりほかかない。私たちが理解すべきは、自分にできることに限界がある以上、構造的には「健常者」も盲人と同じだということである。

「自分自身ではまったく何も、何一つもできないということを一人の人間が完全に確信していること、これが最高のことである」[*13]。「悔悟においては神があなたを愛するのです。悔悟においてあなたはすべてを神から受け取るのです」[*14]。もちろん人間的他者に支えられることと、神に支えられることは同じことではないが、こういったキルケゴールの言葉をこの文脈で聞くことができる。

愛することといたわること

キリスト教を信仰できない者、あるいはしない者は、キルケゴールのように人間の惨めさをケアする神を信じて生きることができない。しかしそうした神を信じないとしても、人間が惨めな存在であることは理解できるはずである。そしてまた人間がケアを必要とする存在であることも理解できるはずである。自分が惨めな存在であり、いたわりを必要とすることが理解できれば、そこから他者もまた惨めな存在であり、いたわりを必要とする存在であることを想像することは決して難しいことではない。その想像の妥当性を確かめるようにして他者に関わり、他者を見ることができる。それが確認できれば、私たちが他者をいたわるのはそれほど難しいことではないはずだ。私たちの力となるのは自他の状況を凝視し、想像力をもってできる限り正確に理解しようと努めることである。私たちは理解したことにしたがって行動するのだから。

キリスト教を信仰しない者は、キリスト者のように、みすぼらしく卑賤な他者を「愛する」ということはできないかもしれない。みずぼらしい者はそのままみすぼらしい者であるだろうし、貧しい者はそのまま貧しい者であろう。キルケゴールも言うように、自然内発的に卑賤な他者に対する愛情が芽生えることはないだろう。しかし愛することはできなくても、惨めな他者が「いたわり」を必要とすることは明確に理解できるのではないか。たとえ相手がその惨めさをどう感じているのかを過不足なく捉えることは難しくても、相手が惨めさを抱えていることの理解が確かなものになればなるほど、いたわることもできるようになるのではないか。人間になるということにはこうしたことも賭けられている。

例えばこのように、キルケゴール思想に学ぶことができる。その倫理性を知り、それを自らに映し、自身の倫理性を顧み、高めることができる。それは、倫理のキリスト教的基礎づけを継承するということでは必ずしもない。たとえキリスト教信仰による倫理の基礎づけは継承せずとも、同じ人間として彼のしていることを見、考えを理解し、評価することができる。それと同様に高い倫理性を実現するかどうかは、同様の信仰をもつかどうかではなく、私たちがどのように自分の生と他者関係を生きたいと思うかにかかっているのである。

第二節　自然主義、相対主義、新自由主義

倫理を忘却する近代の知

キルケゴール思想の特徴は、何か客体を自身から切り離して静的に認識するだけでなく、それを認識している自身の存在を忘れないところにある。例えば次のように言われる。「自分で言っていることを理解することと、その言われたことのなかで自分自身を理解することとは別のことである」[*15]。「弱者は助けられなければならない」でも何でもいい。何か主張するときには、当然それに関して自分がどんな責任を果たすべきなのか、果たせているのかということについても配慮しなければならない。命題の正しさだけでなく、それと自分自身との関わりを忘れてはいけない。しかししばしば人は命題の真理性に目を奪われ、それについて自分を含めて考えることを忘れる。

キルケゴールはこうしたことをキリスト教を念頭において語っている。キリスト教を真理と認め

た者は、その真理を自身の実存との関係で理解しなければならない。キルケゴールによれば、とりわけキリスト教はそのように関わらなければ信仰に入ることのできない宗教だからだ。キリスト教が人格の宗教であり、神が人間となり実際に人間を救った宗教だからだ。もし自身の実存を忘却しているのであれば、その人はキリスト教の真理を「ほんとうの意味では」理解していないということになる。

一九世紀半ばはデンマークにおいても自然科学研究が大学制度のうちに実現する時期でもあった。その知は、キルケゴールが論じるような考察者の自己反省や精神を不要とする。近代において哲学は神学から離れ、自然科学と緊密に連携する知へと変化していった。自然科学を包括し、基礎づける主体-客体の認識論を構築した。それらは認識している自身の人格のことも、真理を伝達する他者の人格のことも忘れ、もっぱら認識対象と、認識主体が得た認識との同一性のみに集中する。キルケゴールには、そうした学問は人間の問題を解決するものにはとうてい思えなかった。端的にそこには「人間」が不在だからである。「人間になろうとする人間」が不在だからである。

近代の学問は人格を忘却する。そうした学問がどうして人間にとっての問題を解決しうるのか。キルケゴールによれば、そうしたことは絶対に不可能なことであった。

「人間が備えうる属性は、(他人のために使うこともできるが)自分のために備えている属性であるか、他人のための属性であるか、どちらかである。知恵は自分のための属性であり、権力、才能、学知識なども同様に自分のための属性である」[*16]。キルケゴールの理解によれば、近代の学識は客体の認識に集中しすぎるあまり、その裏面で人間の主体性について軽視することになる。そうして倫理との結びつきを失ってしまう。もちろん学識を倫理的に用いることは可能である。だが学識は倫理に発するものでも倫理を志向するものでもないから、倫理的にも非倫理的にも使うことができる。学識それ自体は自己や人格を不可欠の要素としてもつものではなく、学識を用いる者が人格を有するときにだけ、それは倫理的に用いられるのである。

いくら才能あふれる者が学識を積み重ねても、そうしたものはすべて彼自身の利益のため、あるいは資本や権力のために用いられるだけかもしれない。これを精査する回路が存在していない。近現代において、倫理は自然的人間のうちにあると前提されているが、果たしてこれを前提にしていいのかまったく不確定のまま残されているのである。

もちろん近代哲学はカントに代表されるような倫理学をも生み出した。しかしだからといってこれが人々の間に広く浸透したことにはならない。カントは「目的の王国」を「無限の前進」の果てに想定したのであった。そうした道徳の消息を知った者は、一部の倫理学者、および知識人層に限られるし、それを実際にその実存において自分のものにまでなしえた人間はさらに少ないはずである。近代倫理学が存在するからといって、それを基礎として近代社会が展開していったわけではまったくないのである。

とはいえ、先述したように、キルケゴールは学識が悪だと言うのではない。それ自体は本質的に言えば善くも悪くもない知である。善くも悪くも活用しうる知なのだから。「実際、知が人を汚すのではない。絶対にそうではない。知とは単なる透明性であり、水の完全性がなんの味もしないことであるのとまったく同じように、透明なときにこそ最も完全で、最も純粋なのである」[*17]。知識は、知識を用いる者の精神の有り様によって善くもなり、悪くもなる。精神をもつ者が知識を用いるのであれば、彼は善のためにそれを用いるであろう。逆に精神をもたない者が知識を用いるのであれば、彼がそれを善のために用いることは期待できない。彼は善の観念を欠くからである。

「一つの正解」と「答えのなさ」

現代では一般に、人文学よりも自然科学に期待する人が多いようである。これに関しては、様々な電化製品など、学問としての科学よりも、それを商品に応用した科学技術が与える利便性によるところが大きいと思われる。いずれにしても自然科学は、商業や経済、軍事と連動しているから政治からも大きな後押しを得られる。身体的な快不快や、心理的な喜怒哀楽を超えたところで意味や価値について考え、理念や真理を探究する伝統に乏しい我が国では、とりわけ自然科学に期待する傾向が強くなる。

自然科学は形而下の諸事象について、普遍的に妥当する法則を見いだそうとするものである。だがこの法則はあくまで形而下の現象についての法則であって、精神のレベルを含めた世界で起きることすべてについての法則ではありえない。形而上の問題と形而下の問題の両方があることを知り、その上で科学が形而下の問題を扱うことを知り、それと同時に人文学に触れることよって形而上の問題についても認識を深めるのであれば理想的である。しかし後者についての関心と、それに割く時間と労力が減ってしまうとすれば、それは知的後退、あるいは少なくとも知的偏向と言わなければならない。

自然科学は生産性が高いが、人文学は生産性が低いといった捉え方をする人も少なくないようだ。しかし自然科学が生み出すものと、人文学が生み出すものは、同一の基準で測ることができない。前者を図る基準で後者を図っても意味がないのである。人文学は、様々にありうる価値についての理解を深めるのに役立つ。様々な価値を見いだす私たちの目を洗練するのである。洗練されていない目は様々な価値を見落としているのであり、そうした目は人文学を学ぶことによって身につけるほかないのである。もし人文学の知がこの世界から消え去るとしたら、それはどんな世界であろうか。それは「人間になる」ことがひどく困難になる世界であろう。厳密にはそのような世界はありえないだろうが、しかし、人間になろうと企てても、何ら参考にできる知が入手できないがために、その企てがほとんど進展しないような世界はありうる。ありうるどころか、現代世界はますますそちらの方に向かっている。

現代に生きる多くの人々は、自然科学がある限界のもとにあることを忘れるのみならず、形而上の問題について考究する人文学の知にもほとんど精通していないため、形而上の知に関し信憑性を測ることが上手にできなくなっている。その結果、「一つに決まる正解」と「答えのなさ／多様な答え」との間で、混乱している人が少なくないように思われる。ここで言う「正解」は自然科学的な認識、社会科学的な認識、学校が普及させる認識を指し、「答え」は自分の人生を納得して生きるために必要な形而上学を指す。それに関し、これまでにどのような知が形づくられてきたのか知らない人々は、各々、偶然目にしたもののなかからよさそうなものを恣意的に選び、採用する。真理を求めて思考し、それしかないと判断して選んでるわけではないから、他の人が他の選択肢を採用していても、優劣をつけることができない。そしてそれを「平和的解決」あるいは「寛容」だと解している。他方、形而下の問題に関しては、科学的に「客観的に」一つの「正解」が存在すると考えている。多くの現代人が、この「一つの正解」と「答えのなさ／多様な答え」の二元世界を生きているのではないか。

単独性、主体性、内面性、倫理、精神、人格、意味、価値、（形而上学の）真理、これらについて科学は問わないし、当然答えることもできない。科学は、そうした事柄に関する知の一切を各人に委ね、その上で活用されるのを待っている。活用の方法について科学は指定しない。人を救うために活用されようが、大量破壊兵器に活用されようが、科学は何も言わない。

だが科学的知見を活用するために必要な、価値や理念、真理といった形而上の問題について思索し、様々な考え方をたたかわせ、最善のものを見極め、それを社会的にシェアするという伝統がこの国にはない。形而上の問題については考えてもいいし、考えなくてもいい、考えた場合はどれでも自分が「好き」なものを選べばいいという状況ができあがっている。形而上の問題は「答えがない問題」であり、それに関しては「多様な考え方がある」、それが現在この国に生きる多くの人々にとっての「常識」であろう。正しさについて考究しないのだから、どれが正しいのか判定できるはずもない。間違った考えについても、それは間違っていると言えば「争い」になるから言わない。争いは単に関係の破断を意味するから、言わないでおく。この国の人々は、形而上学的には、絶対的に正しい一つの考え方があるとはせず、様々な考え方を並び立たせておく相対主義の立場に立っていると言えよう。

相対主義者は、絶対的な唯一の「真理」は存在しないと考えている。こうして彼らは「真理」や「誤謬」のことは気にせず、自分が好む考え方を何らのチェックもなしに採用する。そうして考え方が似た人々の集団に帰属し、そのなかで同語反復的に賛成し合い、イメージを膨らませていく。真理も非真理も存在しないのだから、自分たちが間違っているなどとは思いもしない。むしろ考えを共有する他者がいると安心する。

相対主義から自然主義、あるいは自文化主義へ

自然科学への素朴な信頼と、形而上学の貧困ないし無秩序、これが現代の状況であろう。だが個人においても社会においても意味や価値をめぐる形而上学の問題は残存する。意味や価値が不在のままで人は何かをすることができないから。当然問いに対応した「答え」が必要となる。

そうした状況のなか、この貧困と無秩序の空間に自然科学を原型とする世界観が侵入してくるという事態が生じる。ここに立ち現れるのが自然主義である。自然主義は、物質の原理を精神の領

域に敷衍し、自己保存や種の保存、様々な能力の増大と繁栄を目的とするものとして精神を理解し、それに価値や意味を見いだす。こうして「答え」のない状況、あるいは多様な答えがあるという形而上学の状況は一つの答えがある状況へと変わる。

この自然主義は、形而上学の特殊な一つの形態であるにすぎないのにもかかわらず、自然科学がもっと考えられる普遍性を自らにも認めることで、その他の形而上学よりも客観的に正当なものとして自らを理解する。自然をどう理解するのかによって自然主義にも様々な形態がありうるが、時にそれは自然淘汰の原理に立脚しつつ、あらゆる問題を力(時に暴力となる)によって解決しようとすることもある。[*18]

他方、相対主義的に解された形而上学の空間において、何らかのイデオロギーが採用されることもある(ここでは、首尾一貫性や一般的に事実と認識されるものとの整合性を欠くために、形而上学として認め得ないものをイデオロギーと呼ぶ)。相対主義では、絶対的に正しいと言えるような一つの形而上学は確定できないと考えられる。だがこれは、いかなる形而上学も採用してはいけないということを意味しない。もちろんその他の形而上学とともにではあるが、様々な形而上学が採用可能と考えられるのである。誰もが形而上学的問題を抱えて生きている以上、当然、数ある形而上学のうちのいくつかは魅力的に見えることがある。だが形而上学として認めうるかどうかを精査するのは相当の考察を必要とする。多くの者はその作業を深めずに、イデオロギーを採用してしまう。もちろん彼(女)はそのイデオロギーを客観的に絶対的に正しい真理と認めるがゆえにそれを採用するのではなく、とりあえず自分に限って、自分にとってのものとしてそれを採用することにする。だが彼（女）はそのイデオロギーに、同様に魅力を感じる他の人々にも出会うであろう。そうするなかで彼（女）はそのイデオロギーが「一般性」（普遍性よりも小さな集合、様々な一般性が考えられる）をもつことを知るのである。だが厳密に思考することがない人間にとっては、この一般性と普遍性の境目は明瞭には見えない。一般性を拡張することで普遍性へと転化しうるように思われる。そうした期待をもって、同じように考える人がもっと増えることを願うであろう。

宗教を離れ、自然科学に寄っていった近代の哲学

近代において哲学は、それまでの宗教との結びつきを解き、内在的な自然科学の方に大きく近づくようになった。そこで哲学は、近代社会が自然的で個人的な欲望を満足させるための競争を規格化することで、そうした利己的主体が共存できる状況を作りあげるのを後押しした。企業は人々の欲望に奉仕し、あるいは人々のうちに欲望を作り出し、満足させることで利潤をあげる。国家は作り手、売り手、買い手の行動を法律によって整え、統御し、あるいは促す。同じルールに服することで、諸個人は他者と「平等の」社会的存在となる。実際は多くの人間が資本家に労働力を提供する労働者となるのだが、各人の意識においては、各人は可能な限り自身の欲望を満たすべく行動している。バラバラの諸個人を「社会」へと規格化したことをもって、近代哲学は自らに真理を認めた。

近代の知の編成のなかで科学的で客観的な知は安定的に発展した。だがその裏面において、近代人の関心はもっぱら客観性に向かうことになり、自己の問題を深く掘り下げて考える必要性は徐々に低下していった。知と実存者との関係について深く考察することは稀になっていったのである。

確かに近代も、他者を自分が立てた目的を達成するための単なる「手段」としてはならないという倫理学を打ち立てた。だがその倫理学は普遍性の次元で機能するものであり、そうした倫理学を生きる者の個別的実存についてはほとんど注目しなかった。特に和魂洋才主義によって近代化を進めた我が国では、人々の倫理性を高めるということはほとんど目指されなかった。そうして近代倫理学は近代人の実存にいわば染み込まずに終わってしまった。

こうして近代人は社会的でありながら、同時に個人的に自身の欲望を満足させようとする主体であり続けた。そこでは合法的、市民的な善が要請されるにとどまった。それ以上の道徳も倫理も、現実社会ではなんら必要とされなくなったのである。そうした状況のなかで、諸個人の精神が発展し損ねるのが常態となっていった。

近代哲学の欠点

近代哲学の欠点はどこにあったのか。

それはまず、私たちの単独性や実存に積極的な意味を見いだせなかった点にあったように思う。近代哲学は、安易に普遍性の方へと進んでいくのではなく、個人性や単独性、実存といった、普遍化を拒むものについてもっと深く考察すべきだったと私は考える。もちろん思惟は、それらに個人性や単独性、特殊性といった抽象的な概念を付与することができる。そうして概念を用いて反省することができる。だがそうした概念はその個人や、その特殊な点、その人の単独性について認識しようとするものではない。普遍的な真理を目指すがゆえに、それらはすぐに止揚される。概念へと止揚しなければ思考不可能だという理由によって。だが実際には、止揚されるというよりも看過されると言った方が正確だろう。抽象概念には個別的なものは何も含まれていないのだから。

第二に、近代哲学は、諸個人がその欲望を追求することについてもっと厳しく見るべきだったと思う。富や権力に対する諸個人の自然的欲望を規格化しながら肯定するのではなく、その構成を凝視し、それを作り替えるべく努めるべきであった。近代哲学は、個人的欲望そのものに真理を見いだすことはなかったが、普遍性に包摂することでそれを許容した。

一見すると、この図式のなかでは、個人性は否定され、他者や社会に重きが置かれているように見えるかもしれないが、実際はそうではない。個人的欲望は、近代社会において経済を駆動する原動力であり続けている。個人性は否定されるのではなく、あくまで社会のうちで流通する形に規格化されるだけである。近代の資本主義はそのようにして回り、肥大化していった。

この資本主義は、個人的欲望については肯定するが、諸個人に尊厳は認めない。それは端的に人間を手段と見なすことで成立するシステムである。資本家にとって働く者たちは労働力であって、尊厳ある個人ではない。これは他者の人格を単なる手段としてはならぬという近代倫理と対立する。

だが近代倫理学は資本主義を止めることも、必要な修正を求めることもできなかった。普遍性の次元で考えようとしたために、個別的な人格を見つめ続けることができず、結果個人の尊厳を尊重する社会を構築し損ねた。

第三は、他者の軽視である。普遍性や客観性を志向する近代哲学においては、一見して他者（たち）が大きな重要性を担っているように見えるが、この理解も必ずしも正しくない。というのも近代哲学が想定する他者についてもその単独性が容易に捨象されるからである。他者もまた彼（女）その人に意義はなく、普遍性や客観性のうちで無用なものになる定めにある。確かに諸個人は合意を形成するために他者と対話する。そうすることで思惟も洗練されるがゆえに、他者の存在は不可欠のものとされる。だがその対話のうちで、他者も〈私〉と同じく個別性を捨象するよう求められる。そして合意が形成されると、他者は存在意義を失う。他者と語らうのは、普遍的な合意を形成するためでしかないからだ。問題が解決してしまうと、もう他者と語らう必要はなくなってしまう。この点もまた他者の尊厳が尊重されない状況を生み出す原因となっているのである。

折り合いの悪い他者との共生

近代哲学が考えたよりも、人間は形而上学のなかでもっと濃密に生きるはずのものであるというのが私の理解である。真理は単に社会性の方へ向かって個人性を止揚したところにあるものではない。キルケゴールが述べたように、諸個人は単独者として自己形成するのである。自身の特殊な状況を取り去ることが自己形成の中身ではなく、これを直視し、引き受け、これに自分に可能な仕方で関わっていけるようになることが自己形成である。他者もまた単独性を生きるはずのものである。

実際、単独者と単独者の間では、この世界で生じる様々な問題について合意を形成するのは決して容易なことではない。実際の問題に関しては、近代哲学が構想したようにはなかなかすんなりいかない（近代哲学はそんなことは哲学の問題ではないとすら言う）。私たちは日常生活において「折り合いの悪い他者」に常に遭遇しているのである。私たちが遭遇する隣人は、対話を続けるのがしばしば困難に思えるほどに「折り合いの悪い他者」なのである。私たちはこの現実を直視し、引き受けなければならない。

もちろん容易に折り合うことができる事柄についてはどんどん折り合えばいい。だが私たちの間には容易に折り合えない問題もたくさんある。私たちは他者と安易に折り合える問題とそうではない問題を見分け、前者に関してだけ折り合うことを目指すのではなく、私たちは哲学を、折り合いの悪い他者との共生のうちで続けるべき営みとして捉え直すべきではないだろうか。折り合いの悪い他者と関わることによって、私たちは単独性を生きる実存者に出会い、また自分もまた単独性を生きる実存者であることを経験する。その折り合いの悪さ、合意形成の困難のうちでこそ、私たちは他者と共生するということの実際の意味を知るのである。哲学はそうした状況のなかで形而上学を編み上げ、編み直し続ける営みでなければならない。折り合いの悪さは、合意を欲する私たちにとって確かに不都合なものである。しかしこの困難さには自分と他者双方の実存と尊厳が賭けられている。折り合いの悪い不快から抜け出すために強引に決着をもたらすことは、他者に対して暴力を働くことになるか、あるいは賭けられた理念を乱暴に扱うことになる。自己の尊厳についてもまた捉え損ねることになる。私たちは折り合いの悪い不快さに耐えながら相互の尊厳に配慮しつつ問題の解決を探る術を身につけるべく努めるのでなければならない。

この世は正義の世界ではない

すでに見た通り、キルケゴールは彼岸と此岸、永遠の世界と時間の世界、神の世界と人間の世界を異質なものとするだけでなく、両者を対照的なものとして捉える。

それというのも戦う教会だけが真理だからである。あるいは真理は、教会がこの世に存続しているかぎり、教会は戦う教会だということだからである。戦う教会は、高いところからキリストのもとに引き寄せられているとしても、卑しき姿のキリストにかかわるものである。それに反して、世界が進歩しているというこの話（これによって人間は人類と自分自身におもねっている）は非真理である。というのも世界は進歩も退歩もせず、海や空気のように、要するに一元素として本質的に同一のものとなるからである。つまり世界は、この世界で常に戦う教会の一員であるキリスト者であれという試練を課すことができる元素であり、またそうであるべきなのだ。これが真理なのだ。勝利の教会とエスタブリッシュメントのキリスト教界は非真理であり、教会に降りかかる最大の災難であり、教会の破滅であり、そしてまた自身だけが招きうるものだから罰でもある。*[19]

その他のキリスト教理解のなかには、人間の世界に神の意図の実現を見いだすものもある。この世は神の意思に沿って進行するのだから、そのうちに真理を見それは彼が神の意思に沿ったことをしていることを証すことになる（逆にある人が成功しないのも、神の意思ということになる）。この世界は神によって統べられているのだから、この世界は正しい。そのように神と世界を理解するキリスト教信仰もある。

だがキルケゴールのキリスト教理解はそうしたキリスト教信仰とまったく異なる。キルケゴールによれば、この世界は神の意思が実現している世界ではない。むしろ人間は神の意思を裏切り続けているのであり、この世界は善がいまだ実現せざる世界である。確かにキリスト教はヨーロッパに広まった。しかし「神の国」が実現したわけではない。人々はキリスト教の何たるかを誤解しているか、あるいは理解しながらそれを実現するのをなお怠っている、というのがキルケゴールの理解であった。

長く生きれば生きるほど、本当の犯罪はこの世界では罰せられないことが、私にとってますます明らかになってきた。*[20]

この世は正義の世界ではない。時に正義がなされることはあるにせよ、それはこの世のいたるところで正義が実現していることも、この世の多くの場面で正義が実現していることも意味しない。むしろ全体で見ればこの世において正義はいまだ不在なのである。この世では秩序を乱す行為は罰せられるが、いわゆる弱者を「食い物にする」行為が後を絶たない。市民社会や国家、さらには私たち一人ひとりが作りあげる他者関係も神の正義からはほど遠い。実際、「力の政治」が繰り広げられるこの世で不正義は許容されている。

永遠なもののために生きようとする者は、いつも一服の人生嫌悪を必要とする。彼はそれによって、以前よりもずっと正しく、この世にひたることなく、むしろこの悲惨な世界の愚かさと欺瞞に嫌悪を感じ、やりきれなくなり、吐き気をもよおすようになる。*21

不正義に満ちたこの世は、正義を希求する者、それを究めようとする者にとっては嫌悪感を催させる世界である。だが私たちはやはりそのなかで生きざるをえない。「やりきれなさ」、「吐き気」。もちろんこれまでに見てきたように、だからといってキルケゴールは世界を見捨てるわけではない。むしろそれにもかかわらずこの世界が善くなるようにと自己犠牲も厭わず、神やキリストとともに献身的に働こうと努める信仰者であろうとしている。第一章第四節で見たように、信仰者にとってキリスト教は、そうした絶望的な世の中で絶望しないための希望である。

差異の世界への愛着

この世において意味は比較によって生起するとキルケゴールは言う。男性は女性ではないという意味であり、子どもは大人ではないという意味であり、ミカンはリンゴではないという意味である。有限性のなかで生きる人間は、比較によって生じる意味や価値を欲する。それらを手に入れることによって、それらを手に入れ損ねた他者と自身とを差異化し、満足を得る。そうすることで自身の惨めさを忘れる。そしてまた自身よりも多くを手に入れた者と自身とを比較し、次こそは勝とうと闘志を燃やす。惨めさを忘れるために。

すべての比較はこの世的であり、比較によって脚光を浴びることはすべて虚栄の奉仕によってこの世にしがみつくことです。[*22]

この世の事物を比較することで生じる意味をもって世界を見、比較によって生じることを自身に纏おうとする者は、キリスト教的ではない仕方でこの世を愛する。それはこの世が善くなるようにとこの世を愛するのではなく、すでに存在している世界を、あるいはこの世で得られる快を愛するのである。だがキルケゴールによれば、彼（女）はほんとうは世界を愛するのではなく、世界に「愛着」をもっているにすぎない。彼（女）がこの世を愛するのは、この世が彼（女）に快を与えるからである。彼（女）が愛しているのは、結局のところこの世ではなく、自分自身が感じる快、あるいは快を感じる自分自身なのである。

彼（女）は、自身が正当な仕方で競争に勝利し、合法的な仕方で富を手に入れたのだと考えるかもしれない。この世の秩序のなかではその通りである。しかし先述したように、その秩序は正義の秩序ではない。むしろそうしたこの世的な満足を可能にし、正当化するための秩序であるにすぎない。そのなかで人は、自分より多くもつ者に嫉妬し、自分より少なくもつ者に嫉妬される。キルケゴールがこの世は差異の世界であるというのはそうした意味である。

自由主義と新自由主義

ヨーロッパでは一七世紀に自由主義が興った。これはキリスト教と絶対王政が一体となった封建的な秩序に抗し、諸個人の自由と平等な権利を重んじるものであった。伝統的な宗教の支配から内面的な自由を得た個人は、さらに市民的な自由や経済的な自由を欲するようになり、また獲得していった。この自由主義を一つの起源として二〇世紀末には新自由主義が出現した。市場原理を真理の最高の審廷と見なす新自由主義は、政府による市場への介入を最低限に抑えるべきとする。規制を緩和し、各経済主体が自らの利益を最大化しようとすることを善しとする。もともとは民営化や競争によって市民的自由が保証されるとしていたのだが、現在ではこの可能性は無と消え、むしろこれを無視して資本が政治の協力をえて肥大化を続けるだけとなっている。それを正当化するイデオロギーでしかないことが徐々に明らかとなりつつある。

右に見たように、キルケゴールの思想はこうした流れに真っ向から対立するものである。キルケゴールがこの世で富を取り合う競争を肯定する新自由主義を決して認めないことは言うまでもないが、実はキルケゴールは自由主義をも肯定しない。今から振り返ってみれば、キルケゴールは自由主義から新自由主義へと伸びる芽を早々に摘もうとしていたと見ることもできるだろう。

一見するとキルケゴールは「内面の自由」や個人主義、あるいは「平等」を自由主義と共有しているように見えるかもしれない。しかし前章で見たように、キルケゴールの考える自由は自由主義が価値を見いだす自由とは異なる。キルケゴールの自由は、人間が人間になろうとする自由、究極的には真理や善、なかんずくそうしたものを支える神の方へと人間が主体的に向かう自由である。キルケゴールは自由主義が考える世俗主義を決して肯定しない。個人主義についても、キルケゴールの個人主義は神という真理を共有する諸個人を想定しているし、他者と自身を切り離す個人主義ではなく、神を介して他者へと積極的に関わるような個人を想定していた。平等に関しても、キルケゴールの考える平等はまずもって「神の前の」単独者の平等であり、政治経済的な平等性を直接に指すものではなかった。こうした自由主義とのズレは、新自由主義との関係においては類似点を見つけることがまったく不可能なほどに大きなものとなる。

キルケゴールはそもそも富を得ることによる幸福追求にはほとんど何の価値も見いださない。そういうことは「してしまうかもしれない」ことでしかなく、決して人間がこの世で取り組むべきことではない。これに対し先述したように、近代は個人的欲望を肯定している。それを満たすために経済活動を行うことも肯定している。欲望追求は際限なく認められる。そこにはこの世の肯定がある。その発想の元には世界を神が統べるものとして肯定的にとらえるカルヴァン主義的な世界観があったが、上で見たように、この点ですでにキルケゴールの神理解ないし世界理解はこれとは別ものであった。キルケゴールは超越の神の世界と内在の人間の世界とを決して重ねない。相似的にも捉えない。むしろ対立的に捉えるのであった。キルケゴールによれば、人間は経済によって欲望を満たすだけの存在ではない。あくまで精神的存在として超越的真理へ関わることが意味を担うべきなのである。価値があるのは欲望を満たすことでも、快を得ることでもない。真理の方に向かって生きることにこそ人間の幸福があるとした。

それに対し、自由主義や新自由主義によっては、経済主体は決して悪とはされない。悪とされないどころか、新自由主義にいたっては、それは肯定されるもの、いや唯一の正当な主体である。現在のこの国では、政治は国民一般の利益を増すためのものではなく、経済的強者の利益を保護し推進するものになった。経済的強者は政治家にそれを求め、政治家はそれに応える。見返りに自身もまた経済的強者に援助を求め、それを得る。政治家は経済的強者から得た援助を最大限に利用して集票に繋げる。両者は利益を融通しあう関係にある。

アメリカには市場に真理を見いだす本来の新自由主義者がいるのだろう。この国の産業界にもそうした人がいるかもしれない。だが政治のレベルにおいては、新自由主義は経済思想として採用されているというよりもむしろ、力の政治を正当化し、さらに強化するための方便として活用されているにすぎない。というのも、現在の政治は市場に任せるのではまったくなく、むしろ自分たちが望む形に市場や社会を変形すべく積極的に介入するものだからである。

この新自由主義を方便として活用する政治は、官、民、学の連携といって、三者の独立を崩壊させる。こうして大学にも「社会のニーズ」を満たすことが求められるようになった。要はこれは、学問の原理を、政治がデザインする経済の原理に従属させよということである。そうした政治と、政治が形を与えるマーケットの原理に従うことが学問にも求められるようになった。裏面、学問が社会に対し「真理のニーズ」を示すという可能性は大きく切り詰められるにいたった。そもそも学問にたずさわる者は真理に忠誠を誓う人間であって、人々の欲望や経済や政治権力に忠誠を誓う者ではない。だがそうした人間を新自由主義とそれを活用する政治は認めないのである。

確かに新自由主義的現代人も合理的に思考する。だが彼（女）らは形而上学の真理にいささかも配慮しない。マーケットが真理の審級だからである。彼（女）らは得られる結果を計算し、帰結から逆算して各段階で必要なことをなす。確かにそこには合理性がある。だが合理性があっても真理を探求する理性がなければ狂気に転落する。新自由主義に染まった現代人がなすのは有限な「計算」であって、真理を探究する理性的「思考」や「反省」ではない。彼（女）らは労働時間においてはどうしたら利益が最大化するかと計算し、休養にあてられる余暇の時間には計算も思考もしない。真理をめぐる営みは私的な領域においやられ、ほとんど消え入る寸前にある。

新自由主義のなかでは、人々はもっぱら富を得ることのみを考えるのであり、精神の成熟を考えることはなくなる。真理や善悪の方へ向けて自己を形成するということも当然ない。せいぜい長時間働ける忍耐や感情的に取り乱さない自制を身につけることが必要となるだけである。

真理が探求されず、道徳が荒廃すると、人々は社会や他者関係が成立しなくなることを恐れ、そこに秩序と道徳を求めるようになる。日本の場合は超越神や形而上学的真理についての理解を社会的に共有する伝統がないため、おのずと「伝統」や現状のマジョリティが奉ずる権威によって道徳を基礎づけようとすることになる。少なからずの人々にとっては目の前の社会のなかで支配的なものを超えるものは何もないのである。最も大きな集団が国家だから、自ずと国家道徳が前景化してくる。国民自らが全体主義を求めるようになる。

各人が単独者として人格を備えようとしない場合、マイノリティを統制する政治を、既成の権威を支持するマジョリティが求めるようになる。彼(女)らは自分が投票した人間の権力が強大化することを望む。その政治家は自分の代わりに思えるからだ。彼(女)はその政治家がその権力によってすべての国民を(つまりその政治家を選ばなかった国民をも)統制することを望む。それによってあたかも自分が国全体を統制しているように錯覚するのである。こうなると政治家にとって国民の自由を奪うことはいともたやすい。民主主義はそうした危険性もはらんでいる。人間の尊厳を解さぬ国民が多くなれば、それは多数派を明確にするだけの、抑圧すべき少数派を明確にするだけの制度ともなりうるのである。

お金が最も大きな力をふるう力の政治が行われるなかで、政治家がお金を欲することは当然である。それに最高の優先順位を認めることはなんら珍しくない。それが彼らの力を直接的に増すからである。彼（女）らは国内の富裕な実力者のみならず、国外の富裕な実力者とも協力関係を作る。場合によっては国富を減ずるようなことでも、自らの富と権力を増すと見込めれば、「取引」が成立する。

政治を職業としない諸個人はどうか。自由主義や新自由主義のなかで、多くの人間が欲望を個人的なものとして理解しまう。そしてそれを満足させるために必要なお金を求める。それを得るための労働力もまた自分個人のものであり、購入するのも、消費するのも、満足に浸るのもまた個人としての〈私〉である。彼らはそう理解する。お金を得るためには競争に入って勝利しなければならない。そうして競争の原理はますます加速する。だがその状況でますます大きな利益を手にするのは、言うまでもなく資本家である。新自由主義体制はますます確固としたものとなっていく。

新自由主義からの脱却

新自由主義が生み出す格差社会においては、ありあまるほどの富を手にする人間がいる一方で、生きるために必要なものすら手にできない人間がでてくる。なぜかと言えば、そのシステムにおいては富が局所に集中するからである。生きるために必要なものすら手に入れられない人間を減らそうとするならば、言うまでもなく私たちはこのシステムのなかで集中の動きを分散の動きへと転じなければならない。

日本は民主主義の制度を採用しているから、国民次第で政治は変わる。新自由主義の政治を善しとする人間から、これを善しとしない人間へと国民が変われば、新自由主義の政治は終わる。政治の浄化は、腐敗した政治家や官僚、財界の権力者からは起きるはずもないのだから、変化は国民のうちから起きるより他ない。

こうした倫理学と政治学の関係をめぐる議論は古代からすでにある。アリストテレスは個人にとっての善とポリスにとっての善を同一のものと理解し、倫理学と政治学を連続的に捉えていたが、この点について私はアリストテレスと同様に考える。[*23] 人間の生き方を問いただし、洗練する倫理学は、決して政治から無縁のものではない。むしろ政治に根本からの改善をもたらしうるのは、諸個人の価値観と生き方が変化することしかないのである。とりわけ民主主義体制は、それが直接的に実現しうるシステムである。逆に言えば、各人の変化に絶望していたのでは、いかなる改善もありえない。人間は力の政治に満足するものではないこと、一人ひとりの人間が真理を見いだしうること、適切な判断ができるはずであること、こう思えない人間たちから成る民主主義社会は、決して政治を改善していくことができない。

こうした国内政治の延長線上に国際政治がある。政治は国内政治がすべてではない。たとえ国家が一つの共同体としてよく組織されたとしても、諸外国もまた、各々の国益を増すために存在している。外国といかなる関係を結ぶかによって、国内政治は大きく規定される。特に我が国の場合は、新自由主義やグローバリズムの震源地であるアメリカとの関係をうまく構築することができなければ、いくら国内政治を整えることができても、国富はアメリカに流れ続けることになる。より住みよい社会を実現するためには、実際、国際政治は国内政治以上に重要である。国家間でも「力の政治」が入り込むであろうが、これを相互幸福の方へと向け変えていくことが基調とならなければならないことは国内政治と同様である。

第三節　キリスト教について

哲学の対象としてのキルケゴール

キルケゴールはキリスト教が超越的なものであること、自然的人間性を超えたものであることを強調する。つまりその真理は、人間性の次元で考える限り、決して論証できないものである。それが真理であるのは、神が存在すること、そしてキリストが神の子としてこの世に現れたという前提があるときだけである。この前提はあくまで信仰によって確保されるのであって、人間性を基準にして哲学することによって確保しうるものではない。キルケゴールはそう言う。

したがってもし自然的理性による哲学を論証の体系として定義するならば、キルケゴール思想は宗教思想であって哲学ではないということになる。もちろん、信仰を前提とした上ではあるが、論理的な推論はなされ、人間について論じる部分もあるから、哲学的なところもあると言えるが、しかし議論の構造を全体としてみれば、それはやはり哲学ではなく、キリスト教思想である。

だが他方で哲学は、広義には、人間を理解する試みとして定義することもできる。その場合には、超越的な真理を信じながらも人間論を展開したキルケゴールを哲学者と見なすことができるし、超越的な真理を信仰する人間の言うことも参考にしながら人間理解を深めよう、あるいは広げようとすることも哲学に含まれることになる。人間が何か対象と向き合いそれとの関係で生きる生き物でもあるならば、信仰者が神と向き合いながら人間を論じる議論を考察対象から外す必要は何もないように思う。

私は、そこに人間論が示されている限り、キルケゴール思想が宗教性を帯びるからといって、考察対象から除外することはしない。むしろ前節で論じたように、私は「折り合いの悪い他者」と関わりながら、自己理解、他者理解、世界理解を作っていく営みをこそ哲学と解すべきだと考えている。キリスト教信仰をめぐっては私とキルケゴールは「折り合いの悪い」関係にあるが、しかしだからこそそこから学ぶことは多いのである。

実際、近代国家は各人に信教の自由を認めている。神を信じる者も信じない者もいるのが実際であるから、私たちは信仰する対象を共有しない場合であっても、宗教を信仰する他者とも関わっていかなければならない。宗教のない世界を構想して、そこで真理を論じたところで、それこそ現実からかけ離れた営みになってしまうであろう。本書はむしろ哲学を、折り合いの悪い他者に対して思考を開く行為、そうして積極的に他者とともに思考を深めていく行為として理解し、思索を続けていく。

それから特にキルケゴールの場合は、その他のキリスト教思想とは異なり、神についての語りに比べ、人間ないし信仰者のあり方に関する議論が圧倒的に多い。神の存在やキリストにおける受肉は前提とされているが、それは信仰の対象であり、論証による基礎づけの対象にはなっていない。そこでは、キリスト教の真理性を論証することではなく、それを信じる者はどのように生きなければならないのかという問題についての考察がメインである。そのため、キルケゴール思想は、私たちが人間について考え、議論しようとする際には、その他の宗教思想よりも圧倒的に対話が成立しやすい。ただし言うまでもなく、キルケゴールは理想的な「信仰者」のあり方について語ったのであるから、人間一般のあり方として通用するかどうかは、その都度考察されなければならない。

保守主義者キルケゴール

キルケゴールが自然的人間性を出発点として推論によってキリスト教を真理と認めるにいたったのであれば、彼はその思考の進み行きを記述することができただろうし、実際にそうしたであろう。だが彼はそうしなかった。彼はそのようにしてキリスト教信仰に辿り着いたのではなかったからである。

ではどうしてキルケゴールはキリスト教を真理と認めたのか。彼はどのようにしてキリスト教を真理と認めるにいたったのか。ここで注目すべきは、彼が「キリスト教に対する私の義務、つまり父祖たちから、そして父によってでも私に委ねられたものに対する私の義務」について語っていることである。[*24] 第三章第一節で見た幼児期における信仰獲得の議論もこれと重なる。キルケゴールは、自分が生まれ落ちた社会の文化・宗教的遺産を継承したのである。これは右で述べた自由主義とは正反対の考え方である。どうしてキルケゴールは自由主義を拒否し、社会の伝統を採用したのか。

一つには一九世紀前半にあった「デンマーク黄金時代」の影響がある。一八〇七年にイギリスの軍艦がコペンハーゲンを砲撃した。これを端緒としてデンマークや北欧諸国においてもナショナリズムや北欧主義が芽生えた。一六六一年に絶対王政に移行して以来、デンマークでは国王が教会とともに国家を統治してきた。これは一八四八年まで続いた。一八一三年に生まれたキルケゴールはこのとき三五歳だった。一九世紀前半のナショナリズムの時代と、旧体制から民主主義体制へとデンマークが大転換をする時代にキルケゴールは立ち会っていたのである（なお一八四九年には新憲法が制定されたが、そこでも君主制は残った。君主制は現代にまで続いている）。キルケゴールが大学で親しく議論した恩師であるP・M・メラーやF・C・シバーンら、キルケゴールより少し上の世代の知識人の多くも保守主義の立場に立っていた。それまで社会全体のことや理念について考えたことがない民衆が政治の場に出ると、ただ自分たちの利益を主張するだけになり、社会は混乱するだろうと予想していたのである。[*25] そうしたなかでキルケゴールもまた自由主義や民衆運動に懐疑的で、旧体制を存続させることを望む保守派に親近感を感じていた。

これには父親ミカエルとの親密な関係や、ミカエルを介して継承された敬虔主義的信仰も絡んでいた。ミカエルは国王を心から敬愛していたし、国家教会体制にも何ら問題を感じていなかった。そうした思想のミカエルをキルケゴールもまた敬愛し、その国家観・教会観の大部分も継承した。先述の通り、ユラン半島の農村の出身のミカエルは敬虔主義的キリスト教信仰をも有していた。以下の五点に、キルケゴール思想に対する敬虔主義の影響がうかがえる。㈠学問や教義学の枠内のみでキリスト教を処理することを批判し、それに実践の次元を付け加える点、教会改革に努める点、㈡内的自己形成を持続的になされるべきものとした点、心理学的傾向、㈢建徳的著作によって他者の信仰を促進する点、㈣遜り、苦しむ卑賤のイエスに愛を見いだし、これを人間が倣うべき模範と捉える点、㈤摂理に対する信仰。*26 国家教会や敬虔主義のキリスト教に対して批判的な自由主義の陣営にキルケゴールが与することがなかった背景にはこうしたことがあった。

自分で経験し、自分で認識し、自分で判断できる事柄については、当然のことながら自分で経験し、認識し、判断すればいい。だが、自分で経験しえず、認識しえず、判断しえない事柄については、周囲の人々がやっていることをまず模倣するのは極めて「合理的」な態度である。キルケゴールは、ミカエルが真理と認めたキリスト教を教えられて幼少期を過ごした。国家がキリスト教を真理と認めていたから、ほとんどの国民全員がキリスト教を真理と信じていた。それには伝統もあったから、文化、慣習、習俗の面でもキリスト教はそこで当然のように真理とされていた。

一九世紀のデンマークにおいては、キリスト教は、狭義にはデンマーク社会が、広義にはヨーロッパ世界が長い間真理と認めてきた文化的精神的遺産であった。それは世俗化と併走しながらも、当時にあっては他の宗教とは比較にならないほどの信憑性をなお保持していた。様々な哲学者が提示する真理の理論が刻々と変化するのに対して、キリスト教は実際の現実社会において格段に大きな「安定性」を保持していた。

キルケゴールが「当時のデンマーク社会」を改革することを目標とし、そのデンマーク社会において活用可能な精神的伝統がキリスト教しかなかったのだとすれば、彼がこれを用いて改革を目指したことは極めて合理的だったと言える。また、キルケゴールが単に受け継がれてきたキリスト教理解をそのまま踏襲することなく、その中身をかなり大胆に再構築したことは、彼がそこで哲学したことを証しているのであり、この点で右の欠点の大部分は埋めることができたと見ることもできよう。

デンマーク人の「真理感覚」

私がデンマークで生活した経験から言えば、デンマーク人たちは今なお「真理感覚」（真理のうちに生きているという感覚）をもって生きている。彼らは、他者の決定を尊重する自律した諸個人でありながら、共感と関心をもって、問題があると聞けば、それはどういうことなのかと積極的に知ろうとする。何が起きているのか、よく知ろうとするのである。それは、彼らが問題は解決しうるし、されなければならないという確信をもっていることを意味する。自分は今真理のうちにあるし、これからもそうでなければならないという感覚があるのである。私が真理感覚というのはこれである。この真理感覚がデンマーク全体を覆っている。それがデンマーク人の連帯や愛国心の中核にある。そのようにして彼らは私的には信頼関係を作り、公的には世界で最も腐敗の少ない社会を作り、そのなかで生活している。[*27] もちろんデンマーク社会にも問題がないわけではない。だがそれは腐敗のゆえではないのである。それらは技術の発展を待ちながら、あるいは相互理解を深めながら解決されつつある問題なのである。そのような彼らと暮らすと、いかに日本社会が腐敗や不条理に満ちているのか、いかに私たちが真理感覚とは無縁に生きているかということに気づかされる。

こうした彼らの真理感覚を支えるものは何であろうか。もちろん現代では一九世紀よりも世俗化ははるかに進行しているから、彼らの真理感覚を支えているのはキリスト教信仰だとは断言できない。彼らにキリスト教を信仰していますかと問うても、多くの場合、明確な諸の答えは返ってこない。とはいえ、やはりこうした社会全体に共有された感覚は、様々な曲折を経ながらも、社会的、歴史的に醸成されたものだと思われる。一八四八年までの国家教会から四九年からの国民教会を経て、その後も真理との結びつきを実感する文化を創り上げてきたのであろう。デンマークの場合、世俗化は、キリスト教の消滅という意味合いよりも、キリスト教の市民文化への浸透、侵入、転化を意味するように思われる。デンマーク人はこのデンマークにおいて文化化したキリスト教を指して「デンマーク的キリスト教」と呼ぶ。

キルケゴール時代のデンマークにおいて、キリスト教は社会が認める「真理」あるいは「究極価値」であった。それは道徳や優良なもの、意味のあるものなどその他様々な価値のすべてを根底で支えていた。キリスト教が体現するのは超越性の真理であるとしたキルケゴールは、この究極価値を哲学によって「分解」することに決然と反対したのである。それは、彼がキリスト教を分解しえないものと信じたからでもあったが、実際の社会的状況に目を移して言い換えれば、社会のなかで究極価値が一度分解されてしまうと、それは決して元には戻らないと直観したからだとも考えられる。キリスト教徒でありながら専門的に哲学するごく一部の知識人であれば、もしかしたら分解した後にも再度組み立て直すことができるかもしれないが、そうした知的訓練を受けていない一般の人々にはそうしたことは不可能である。「専門哲学者」が分解したのを見て、彼らがそれをいったん模倣してしまえば、社会は究極価値を失ってしまうだろう。そのときにはその他の諸価値も担保されなくなる。

しかしながら正確に言えば、専門哲学者と一般市民の間には明確な区別は存在しない。専門哲学者もまた究極価値を一度壊してしまえば再度組み立てることができなくなるのである。自然主義的な基礎づけに固執する狭義の近代哲学の中では、究極価値は究極のものではなくなり、むしろその他の内在的なものや自然的人間が善しとするものによって正当化されなければならないものへと置き替えられてしまう。

抽象性なき日本文化

すでに述べたように、日本の宗教性は山や森や太陽といった「自然物」に定位する傾向が強い。

もちろんそこには観念や物語も作られるが、しかしやはり具体的なものの体験が常に意味を与えている。特に神道は推論によって真理探究する傾向が弱い。そこには超越性が乏しいか、まったくない。だが文化はそもそも人間が生み出す「非自然的なもの」である。それにもかかわらず、この国では宗教が自然性と接触しているため、その人為性が認識されづらく、明確にならない。少なくとも民衆レベルで言えば、宗教の論理を洗練するという文化はついに形成されなかったと言える。

観念性、抽象性、超越性を活用する伝統のない我が国では、身体的な快不快、心理的な喜怒哀楽を超えたところで価値や理念、真理を探究し、そのなかから最高のものを見いだし、社会的にシェアするという文化がない。現在においてもなお、そうした形而上学的な思想は一部の人々のものでしかない。形而上学的な思想はもってもいいが、もたなくても何ら問題とはならない。むしろ場面によってはもたない方が善しとされる。人々が思想に無頓着であるのは、それを意識的に作り、それを社会的にシェアし、社会的現実のうちで「実現」するイメージをもてないからであろう。

抽象性も超越性も解さないこの国の人々は、キリスト教がこの国の宗教とは異なるがゆえに信仰しないのではないのではないか。そうではなく端的に超越性が理解できないのではないか。というのも抽象度の高い西洋哲学についてもほとんど同様だからである。正しくないと考えるから採用しないのではない。単に抽象性が理解できないから採用しえないのであろう。[*28] それほどまでに西洋人の精神と日本人の精神とは異質である（私は日本人の精神的本質論を語っているのではない、あくまでこれまでに形成された文化的傾向としてである）。日本人がキリスト教を採用した時期はこれまでなかったのだから、日本人がキリスト教から離れるという意味での世俗化は決して起こっていない。したがって西洋における世俗化の現象をそのまま日本に当てはめることは暴論と言わなければならない。

日本人が哲学しないとすれば、それはタブーについて考えることができないということを意味する。そのような、自国の宗教から距離を取り、その真理性を括弧に入れて考察するということがない人間が、よく知らない他宗教について批判するということがあるとすれば、まさに「宗教戦争」の構図においてなされる他ない。よく理解していない他宗教を自分とは異質だという理由で批判することになればどうしても不毛な争いになる。その局面を予感した途端、日本人は論じることを止める。思考も停止する。何も言わず、何もしない。ただ争いの危機が過ぎ去るのを待つばかりである。

そうした我が国の状況と照らすことで、キルケゴールが試みたことの意味をよりよく理解することができる。一言で言えば、キルケゴールは、自身が生きる社会が継承してきたキリスト教の伝統のうちに、真理と他者のために犠牲を払う文化を読み込み、それを活性化しようとしたのである。あるいは視点を信仰の方に移して主語を替えて、キリスト教はキルケゴールをして自己犠牲の文化を浸透させたと言うこともできるだろう。主語がどちらであれ、社会のうちで実際に人間がなすところは同じである。「犠牲を払う」と言えば仰々しく聞こえるかもしれないが、これは国家のために命を捧げるとか、教会のために献金するとかいうことを意味するのではない。むしろそれは一つひとつの他者関係のなかで、自己利益のために他者の利益を犠牲にしないというところから始まる。

現代の私たちの文脈に置き直して言えば、まずは時間を割いて相手の話をよく聞くとか、相手の自己決定権を尊重してこちらの決定を強要しないとか、そういうすぐに可能なささいなことをまずは意味するだろう。

キルケゴールの政教分離

先述したように、デンマークでは一八四九年に国家教会が国民教会へと移行した。この一連の変化を目の当たりにしながら、キルケゴールは教会と国家のあり方について考察を深めた。それにより以後のキルケゴールは、キリスト教と国家を明確に区別するようになっていった。キリスト教は国家から真理性を付与されるものではないし、国家もキリスト教を体現する社会ではない。そもそもキリスト教は国家によって利用された過去がある。力で制圧しても再び立ち上がる敵を、主体的に自分たちのために働く主体へと作り替えるために宗教が利用された。内面を書き換え、自分たちの集団に組み込むということの政治的有効性は極めて大きい。だがキルケゴールはそうした国家と宗教の癒着を切り離すのである。

キルケゴールが自己犠牲を厭わぬ愛の方へと歩んでいったのは、ただただ神と真理のためであり、国家のためではない。犠牲を払ってまで愛の業を行うのは、日常生活のなかの他者とのやりとりの各々においてであって、国家が国民に命じる事柄に関してではない。そしてまたしかるべき愛の業は前もって具体的に規定されるものでもない。各人がその場面場面において、自身が培ったキリスト教理解や現実認識に照らして、各々がなすべしと思ったことをなすことである。あるいはなそうと努めることである。理想が高すぎて果たし損ねることもあろう。だがだからといって教会や国家によって罰せられることはない。内面における神との対話のなかで、各人が自らの愛の足りなさを告白し、神に赦しを乞う。そうして（恩寵が下れば）赦され、また励まされ、明日への希望を繋ぎ、自己を陶冶し、再び他者関係へと繋げていく。こうしたことはすべて主体的に、自由によってなされるのであって、誰かや国家に強制されてなすものではない。

キルケゴールは大学人とはならなかった。その主な理由は真理の体系を構築することよりも、民衆の生を改善しようとしたからであった。キルケゴールは日記に、執筆中の次の著作を仕上げたら田舎の牧師になろうと度々記していた。だが著作を書きあげるごとに次なる課題と着想が浮かんだため、あるいはまた様々な人々との関係に巻き込まれたことなどから、この計画は結局果たされることはなかった。いずれにせよキルケゴールがその著作活動によって狙ったのは、真理の体系を書き表すことではなく、社会に生きる人々が理想的な信仰者へと自己形成するのを助けることであった。そうすることでデンマーク社会の改革に寄与しようとしたのである。

晩年のキルケゴールはそれを教会を改革することによって果たそうともした。牧師養成学校の教師になる可能性も探った。だが時の監督、J・P・ミュンスターによってエスタブリッシュメントの教会に対する批判が厳しすぎると判断され、結局キルケゴールは教会のうちで働くという夢をかなえることができなかった。

赦し

与えることや愛することと並んで、キルケゴールが隣人に対してなすべきこととして語っていることに、罪の赦しがある。

一八四三年の『三つの建徳的講話』においてこの主題が語られる。「愛は他人の罪のために祈ります」というように問題は他者の罪であり、それに対してどう対処するかということである。[*29] この講話でキルケゴールは「ヨハネによる福音書」を引いて述べる。「イエスは彼女に言いました、〈私もあなたを罰しない。お帰りなさい。もう罪を犯さないように〉と。罪を罰することは新しい罪を生みますが、愛は多くの罪を覆い隠すからです[*30]」。ここでキルケゴールは罪の赦しについて「罪を覆い隠す」という表現を用いている。それは覆いをかけて人に見えないようにしてしまうことを意味している。愛する者は他者の罪を覆い隠す。

愛は多くの罪のために泣くことさえしません。もし愛が泣いたら、愛は自身で多くの罪を見たことになるでしょう。そうせずに愛は多くの罪を覆い隠します。もし罪が愛に反抗すると、愛はますます多くなり、決して倦むことなく堅い信仰をもって罪と共に不釣り合いな軛を引きますし、倦むことなくすべてを信じ、すべてを希望し、すべてを堪え忍びます。［…］しかしもし願っても忠告しても罪が怒るばかりで、多くの罪をさらに誘発するのであれば、愛は黙ってしまいます。しかし信仰が弱まったのではなくて、女性が堅く信じて〈言葉を発することなく〉そうするように、愛を救うのです。［…］罪はすでに自分の無力を感じ、罪は愛に耐えられなくなります。[*31]

ここには苦しみを積極的に引き受けようとするキルケゴール思想の特徴がよく現れている。キルケゴールが理想とするキリスト者は、力によって自身の真理を相手にわからせるというやり方をとらない。自分が真理にしたがっていることを信じながら、相手が真理を見る目をもつようにと相手に接する。相手が自ら真理を発見できるよう援助する。こうしたキルケゴール思想は極めて教育的であると言うことができるだろう。信仰者は相手の罪をあげつらうようなことはせず、しかるべき働きかけを行った後は、相手が愛を愛と認めるその可能性を信じて待つのである。

一八四七年の『愛の業』でも罪の赦しが主題となる。ここでは鏡のような対称性について語られる。私の他者に対する関わりと、神の私に対する関わりとの間にある対称性である。

もしあなたが神の前に誠実に心からあなたの敵を赦すなら、あなたも赦されると期待してもよい。それらは同一のことだから。あなたに悪いことをした者をあなたが赦すのとまったく同様に神はあなたを赦す。[*32]

他者を赦すような自分であれば、神も赦してくれるだろうということ。右に見たように、自分は卑賤のキリスト者たることに失敗し続ける罪ある者である。その都度神に赦してもらうことを願いながら生きている。神は自分の罪を赦してくれるだろうか、それが彼が最も憂慮することである。そうしたことを憂慮している者であれば、他者を赦すことはそれほど難しいことではあるまい。同じ箇所に「まさにあなたが他者にするように、神はあなたにするのである」とも言われる。神は私と隣人の関係においてこの上なく大きな役割を果たす。神がいなければ、隣人を赦すということもない。少なくとも神が私の罪を赦すように、私が他者を赦すことはないであろう。

あなたが多く愛するなら、あなたは多く赦されます。またあなたが多く赦されるなら、あなたは多く愛するのです。見よ！　ここに浄福なる救いが愛のうちに回帰してくることを。まずあなたが多く愛する、するとあなたは多く赦されます――おお、見よ！　そうして愛がさらに強くなることを。そうしてあなたが多く赦されることを。それは愛をもう一度強くします。そして、あなたは、多く赦されたがゆえに、多く愛するのです。［…］多く愛し、それだけ多く赦される愛は、弱さのうちで神的に強い。しかしその同じ愛がもう一度愛するときは、それは多く赦されたがゆえに愛するのであり、その愛はさらにもう一回り強くなる。*33

隣人を愛し隣人の罪を赦すと、自分もまた赦され、さらに自分のなかで愛が強くなる。ここでキルケゴールが語っているのはそうした循環的自己形成である。自己形成は一つのことを学んで一つ自己形成するだけではない。同じことを繰り返すことでさらに自己が形成されていく。愛し、赦され、愛が強くなる。さらに愛し、赦され、さらに愛が強くなる。それがここで言う愛の回帰である。そうした信仰者は赦されることを必要とする自身の弱さを知っている。しかし彼のなかにある愛はそのたびごとに強くなる。

愛は彼を恋愛よりもずっと美しい意味で盲目にします。隣人の罪に対して盲目にします。他面、たとえ愛が自らの内にある者、愛ある者もまた、実際誤りや欠点を持っていたとしても、否、彼の罪がたくさんあったとしても、愛は、彼の内に愛があるということはたくさんの罪を覆い隠すのです。[*34]

キリスト教の愛も恋愛と同様、愛する者を盲目にする。彼が盲目になるのは真理に対してではなく、隣人の罪に対してである。罪を矯正するのは人間になしうることではない。それは各人が神との関わりのうちでなすことである。

現代の絶望とキルケゴール

全体主義的同調圧力に窒息しそうになると、人は「自分らしさ」を肯定してほしいと思う。一見してキルケゴールの単独者の思想はこのことを言っているように思われるかもしれない。だがキルケゴールが言う「単独性」は「自分らしさ」と同じものではない。

「単独性」が意味するのはただ一人であるということである。一人自分だけで真理に関わることができるということである。もちろんそこから自分であれ他者であれ個別者の尊厳や肯定も出てくるが、それは真理に関わることから帰結するのであり、個別者の特殊な性質それ自体が肯定の対象になることはない。単独者の思想は、あくまで「なる」という生成の思想であって、存在をそのまま肯定するものではない。自身の個別性を直視することを一つの要件とはするが、それはそこにとどまるためではなく、そこから再帰的に自己に関わる人格へと生成していくためである。自身の特殊な性質をそのまま肯定することは、キルケゴールの意図するところではなかった。

すでに見てきたように、キルケゴール思想は神を仲立ちにして、単独性と社会性の両方を突き詰めようとするものであった。翻って現代に生きる私たちにとって自己とは、他者とは、社会とは何であろうか。自身が生を全うするとはどういうことであろうか。そこで他者や社会はどういった意義をもつのであろうか。新自由主義の進展とともに地域共同体も崩壊しつつある。インターネットは私たちの他者関係を大きく変えた。しかしそのなかで他者は、単に関わりをもつことになった他人、社会とはたまたま同じ地域に住んでいる人々の集合、そのような状況ができあがってしまっているように思われる。個人が確立しないままではあらゆる関係が内実を欠くものとなるとキルケゴールは述べた。今、私たちが生きているのはそうした「消極的社会性」でしかないのではないか。

そうした社会は政治と経済によってもたらされたものだが、それは諸個人にとって精神的成熟を促す場とはなりえない。

新自由主義がもたらす絶望は現代においてますます深まっているように思われる。私たちはこの現代の絶望にどう対処したらいいのだろうか。

キルケゴールの絶望論は、大づかみに言えば、二段階で構成されている。第一段階のメッセージは、絶望せよ、あるいは自身の生き方が絶望であることに気づけというもの。このメッセージは楽しむことを人生の目的とする美的人間に向けられる。人間になろうとせず、生きることの目的について考えるともなく、ただ漫然と楽しいことや快いこと、外的な成功を追い求めて生きる人間に、キルケゴールはそんなところに人生の意味はない、幸福もない、絶望せよと言う。第二段階のメッセージは、真理や神とともに生きることで絶望を脱せよというものである。これまで述べてきたように、それは自己を凝視し、形成することによって可能になる倫理宗教的な生き方である。

キリスト教信仰を前提とするところについては括弧に入れて聞くとしても、私たちはまずできる限り真摯にキルケゴールの話に耳を傾けてみなければならない。それは、この世はそこから楽しみを引き出すための対象でしかないのかという問いただしである。この世から楽しみを引き出す美的人間にとってみれば、この世はできる限り長く生きたいところであろう。楽しさを欲し、この世がその楽しさを与えるのだから、この世から離れるということは単に快を失うことを意味する。そのようにして美的人間はこの世で生きることを望む。だが、もし楽しみの内容を度外視してこれをそれなしには生きられない快の追求として解釈することができるとすれば、これは依存と同じ構造である。美的人間にとっての幸せは快と楽しみからできている。それを手放すことができないがゆえに、彼らはこの世の生に固執するのである。彼らは快や楽しさに依存するように、これらを欲し、買い求める。

だが絶望によって自死を選ぶ人間は、この世が与える快や楽しみへの依存から脱却したのであろう。それらを手に入れる可能性が絶たれたのか、あるいはそれに魅力を感じなくなったのか、様々なケースがあるだろうが、いずれにしても依存を脱却した人間にしてみれば、美的人間がこの世は楽しいところだと言ったところで、その言葉は彼（女）の自死を食い止める力はもたない。すでに「依存」から抜け出しているからである。ではこの世が与える快や楽しみから脱却した者はもうそれ以上生きようとすることはないのか。この世の生はそこから楽しさや快を得る対象であるのみであり、依存する対象であるだけなのか。私たちはキルケゴールとともにそれ以外の可能性について考えてみることができる。

キルケゴールはこの世への依存を脱し、真理や神とともに生きる可能性について語った。この世に依存せずにこの世で真理のために生きるのである。キルケゴールはそこにこそ人間にとっての究極的幸福があると言う。この世の生に固執することもなく、必要となれば、命を失う危険をおかしても愛の業を行おうとする。キルケゴールが考えていた実存の発展というのはそういうことであった。生き方が変わるということである。何のために生きるのか、その目的が変わるということである。

キリスト教は、美的享楽が無効化した後の人間にも生の可能性を提供した。それによって人は自身の享楽を追い求めるだけの「餓鬼」のような存在から脱し、真理や理念、神とともに他者や社会を志向しながら生きることができた。

キルケゴールのキリスト教信仰と一体となった思想を、信仰を前提としない文脈でどう読んだらいいのか。以上の議論を総合する形でここでまとめ、本節を締めくくりたい。

人は、意識しているといないとにかかわらず、自分で自分の生き方を選択して生きている。人生の節目節目だけでなく、厳密には日々の生活のあらゆる場面でも、無数にある可能な生き方のうちの一つを選択して生きている。多くの人は、周りの人々が選択するように自分も選択する。自分に可能であれば、他の人々が選択したくても選択できない選択肢を選ぶであろう。

実際に人々に選択されるものは様々であろうが、しかし多くの場合、選択の基準は自然的人間が善とするもの、すなわち快と利得である。一見すると快と利得は別のものに見えるかもしれないが、快を得るために利得が必要なのだから、結局は利得に収斂する。他の人々が可能な限り多くの利得を求めているように、自分もまた可能な限り多くの利得を求めて生きる。当然のように、自分に最大の利得をもたらすだろう生き方を選択し、それ以外の選択肢については、実際は検討すらしない。そうした人間は、その道が行き止まりにいきあたらない限り、自然的人間性から脱却することなく、つまり精神を成熟させることなく、人生を終えるであろう。

他方、生き方を、意識して主体的に選択する人もいる（その多くは、多くの他の人々のように生きることができない状況に据え置かれた経験をした人だろう）。その場合は、自分の選択が「正しい」ものなのか、他の選択も可能であることを知る限りで、いくばくかの不安を抱えながら選択することになる。後に、選択したときに感じた不安を忘れてしまうかもしれないが、しかし思い出すこともありうる。これを思い出せば、他にもあった選択肢について考えることができるだろうし、その過程でそのときは意識しなかったそれ以外の選択肢があったことも発見するかもしれない。こうした人は、選択の基準を変更する可能性に開かれている。

ここで明確にしておくべきは、人は、最初の段階では、選択する基準についてよく考えたことがないままに選択するということである。よくわからないままに／がゆえに、他の人と同じ基準を採用して選択する。ほとんどの人間がそうする。これはキリスト教がない現代日本でも同様である。とすれば、キルケゴールが敬愛する父親や当時のデンマーク社会の影響を受けて、その人生においてキリスト教信仰を採用したことは、極めて自然なことだったと言える。

だが、キルケゴールの仕事は、単にキリスト教文化を継承したことにあったのではない。彼の議論の要点は、キリスト教は、精神の発展可能性を人々の人生に組み込むものだったということである。さらに言えば、それは人々に対し、自然的人間性が当たり前のように善とする利得以外の基準があることを教えるように働くものだったということである。自然的人間性とは質的に異なる神的な愛という基準を採用して生きることをキリスト教の内容としてこの上なく明確にしたところに、キルケゴール思想の大きな意義の一つがある。

キルケゴールはキリスト教の超越性を強調するが、それはキリスト教がこの世の人間的生活にとって意味をなさないことを言うのでは決してない。まったくそうではなく、それは自然的人間性との異質性を意味するにすぎない。自然的人間性とは異質だが、人間は自身のうちに永遠性をも蔵しており、そのことは自己形成していくことで知ることができる。永遠性を介して神と通じることで、人間は神を有意味に理解することができる。

人格をもった神は、確かに人間にとって他者であるが、しかし人間はこの神と生きることができるのであり、またその生き方こそが「人間性にとって」最高のものだと言われる。これが意味するのは、人間は原理的に思考することができるのであり、そしてまた原理的に思考するときに神的他者を必要とするということである。人間は他者、ないし他者の視点を必要とする。人間が原理的に思考するには、あるいは自己関係や他者関係、世界との関係を徹底するには、どうしてもそれら以外の「第三者」の視点を必要とする。この第三者は人間的他者ではありえない。というのも自分が原理の基点たりえないように、他の人間もまた原理の基点たりえないからである。

この超越の神がキリストをこの時間の世に遣わすことで、人間に新たな人生の意味を、すなわち自分の利得を減らしてまでも他者のために生きるという真理を与える。この啓示というポジティブな真理定立は神が行うよりほかなかった、つまり人間には思いつきえなかったというのがキルケゴールが強調するところである。彼が言う「逆説」は、永遠なる存在が時間性のこの世に現れたという人間的理性にとっての不合理と、快と利得を第一に考える自然的人間性と愛と苦しみを体現する神的愛との対照を指す。この啓示は人間が思いついたものではない。しかしこの思いつきえなかったということもまた、それが人間にとって意味をなさないことを意味しない。むしろキリスト教的人間平等を人間性とするキルケゴールは、キリストを倣うキリスト教的生を人間性のまったき実現とするのである。つまりキルケゴールはキリスト教と人間性の間に相即の関係を見ているのである。

以上が宗教哲学的に解釈した際のキルケゴール思想の意味である。ただしキルケゴールは、キリスト教を単に哲学の領域で問題にすることを拒んだ。それでは神が「基点」であることがかすんでしまうこと、それから哲学化されたキリスト教は実存する人間にとって十全な意味をもちえないことがその理由であった。キルケゴールによれば、キリスト教は現実性と不可分のものであった。それは、実際にデンマーク社会のなかで「実存する」単独の者たちによって具体的に受容され、具体的に実践されるべきものだった。すでに述べたように、キルケゴールは実存するものは単独のもの、特定のものと考える。こうしてキリスト教は、人格を備えた特定の神人であるイエス・キリストと不可分であるとされた。

第四節　展望

キルケゴールの社会性

キルケゴールの単独者は自身の内面性を生きるだけの存在ではない。確かにキルケゴールが主に論じたのは自己と神に対する関係だった。だがその他に、恋人に対する関係と隣人に対する関係についても論じていた。後者二者に関して言えば、恋人との関係はプライベートな特定の他者との関係であり、隣人との関係は不特定の他者たちとの公共的、社会的な関係である。すなわちキルケゴールの議論は、㈠自己および神との関係、㈡不特定の他者たちとの関係、ないし社会関係、㈢特定の他者との関係、という三つの領域をカバーしているのである。

㈠と㈡からわかることは、キルケゴールは人間の単独性を強調した議論を展開していたが、その単独者はあらゆる他者と関わる社会的存在だということである。キルケゴールは読者に精神を備えた個人となることを求めた。しかしこの議論は、その内実において、具体的なあらゆる他者関係において働くことをも求めていた。先述したように、その議論は、精神の次元をも備えながら、しかし同時に社会空間で語られてもいた。キルケゴールは「キリスト者」について語ることでデンマーク国民について語っていたのであり、「キリスト教界」について語ることでデンマーク社会について語っていたのである。愛の業を語ることによって他者関係や社会関係における振る舞いについて語っていたのである。しかもデンマーク社会に生きる人々に対してである。そのキリスト者についての議論は公的空間を生きる人間についての議論だった。そのためにキルケゴールは、それとは別に社会論や政治論を展開することがなかったのであろう。

現代の課題

キルケゴールの後、一八〇年を経て現代に至っている。やっと絶対王政が終わりを迎え民主主義が立ち上がったところのキルケゴールの時代と、国民国家や民主主義が危機に瀕している現代とでは、状況が大きく変わった。戦後は資本主義陣営と社会主義陣営が鋭く対立した。そこに賭けられていたものは、イデオロギーよりも経済的政治的覇権であった。両陣営が各々の利益を確保するために、あるいは増すために相手陣営と争い、戦った。結局勝負を決するものは思想としての真理性ではなく、経済的、軍事的な力であった。各国が武器を持たせて国民を戦場に送り込んだ。その後現代では資本はさらにグローバルに運動することになった。資本は国民国家の垣根を悠々と飛び越え、グローバルに運動するようになり、それに比例して国民国家の意義は低下しつつある。この状況のなかで政治と新自由主義が結びつき、民主主義は今、危機的状況にある。

資本の運動と不可分になった政治は、多くの国民の幸福を大きく左右する資本の運動を制御する力をますます失いつつある。特に我が国では政治腐敗を伝えるニュースが連日伝えられ、もはやニュースバリューもないほどである。どうして政治が腐敗するのかと言えば、根本的には人間が腐敗するからである。しかし、人間が腐敗したままで政治が清浄化するということはありえない。もしそうだとすれば、政治の清浄化を目指すならば、人間の清浄化を進めなければならない。課題としてここにあるのはキルケゴール的な人間形成の問題であると言える。

とはいえ人間を善へ向かって形成するということは決して容易なことではない。キルケゴールが考えたように、各人が「自分の力だけで」自己を善の方へと形成することはほとんど不可能なことであるし、教師が各人の精神を直接に向上させるわけにもいかない（精神の向上は各人によってなされなければならない）。人間性の向上といったことは微妙な相互行為のうちでしか可能ではなく、教育マニュアルを作成したところで必然的に成果をあげることはできない。少なくともマジョリティが人間の再帰性を忘れた「客観的」で「自然主義的」な人間観にとどまっているかぎり、そうした試みは各人によって局所的になされるより他ない。

そもそも近代政治学はそうした人間の不完全性を直視し、考慮に入れ、その条件下で最善の結果をもたらす政治制度とはどのようなものかと考えたのだった。民主主義や資本主義は必然的に真理を実現する「完璧」な制度ではまったくなく、人間の不完全性が直接的に最悪の結果を生み出さずにすむようにする「他よりはベターと思われる」制度でしかなかった。だが民主主義的手続きの正当性はいつのまにか、そうした制度の正当性、あるいはその制度のなかで下される決定の正当性へと徐々に読み替えられていった。世俗化が進展するとともに私たちは自身の可謬性を忘れてしまったようである。現代の諸問題の少なからずの部分がここから生じているように思われる。私たちは安易に人間を善と見なす性善説に立つことなく、再度、自身の不完全性や利己性を考慮に入れつつ様々な試みを再構成するべきである。

私もまたキルケゴールと同様に、状況を改善するためには各人の人格形成が不可欠と考えるが、キルケゴールが提唱したことに付け加えたい点もある。本節では以下、キルケゴール思想に欠けている視点として三点をあげてみたい。第一点目は、歴史的、社会的な現実認識について、第二点目は友情について、第三点目は人間の幸福についてである。

歴史的・社会的認識

第一点目は、キルケゴールの「卑賤のキリストの倣い」という方法に関するものである。キルケゴールは隣人愛の究極を、キリストを倣って犠牲を厭わずに他者を愛することに見いだした。それは所有の放棄や社会から排除されることをも射程に含むものであった。キリストの生き様を真剣に倣おうとすればするほど、その理想があまりに高いために挫折するだろうと言われた。キルケゴールはそこで神の赦しを信じ、それによって励まされ、自己形成を進め、再度他者関係における愛の実践へとチャレンジしていくというビジョンを示した。

しかしキリスト教世界の外部に生きる人間としては、たとえそうした行為をなしたとしても、それが相手によって愛の行為として理解されない可能性があるのではないかと予想せざるをえない。というのもこの国ではキリストの物語はヨーロッパにおけるようには周知されていないし、モラルコードの背景をなしてもいないからである。キリスト教的な愛の観念が他者との間で共有されているとは限らない。つまりそもそもの初めから愛の理解について他者と「折り合わない」可能性があるのである。その場合は、卑賤のキリストを真似ても、愛とは認識されず、感謝もされないかもしれない。あるいは相手を憤慨させるかもしれない。もちろん愛と認識される可能性もある。つまりやりようによるところが大きいのである。だがもし愛が愛として認識されないのであれば、隣人愛を達成したとことにはなるまい。キルケゴールは、それでも神を信じてなすのだと答えるかもしれないが、それはやはり理解可能性が担保されたキリスト教社会での議論と言わなければならない。社会ごとに前提は様々にありうる。人々の認識はそれに大きく規定される。とすれば私たちは自らがなす行為が他者にどう受け止められるかということも考えなければならないのではないか。

ここで明確にしておくべきことは、現実社会に対するキルケゴールの働きかけは、実は二重のあり方をしていたということである。

第一は、キリストを模範にしてこれに倣うキリスト者としてのキルケゴールであり、第二は、読者を丁寧に教育するキルケゴールである。第一のキルケゴールは、自身の具体的な行為によって理想を現実化しようとする。だがそこでのキルケゴールは理想に注視する分、隣人にどう理解されているかという点に対する配慮は不十分なものになった。彼は、自分が他者の目にどう見え、他者がどう反応するのか、そのメカニズムについては丁寧な考察を加えず、一方では極めて悲観的に世のなかに誤解され、排除されるという見通しを示し、また他方では極めて楽観的に、いわゆる「打てば響く」の論理に則って、愛の業は愛を伝えると見込んだ。

他方、第二のキルケゴールは、他者の自己形成を促すキルケゴールである。その促しは、間接伝達の方法を用いて極めて戦略的な著作活動によって遂行された。その実践は他者の精神の有り様が様々であることを微細かつ正確に捉え、それに対する有効な働きかけはいかなるものか、非常に精密に多角的に考えられ、実行されていた。

このように現実や他者に関わるキルケゴールは二重のあり方をしている。いずれの実践もそれぞれの重要性を備えていることは言うまでもない。それを認めた上で、私がキルケゴールに欠けていると考えるのは、認識のメカニズムに関する歴史学的・社会学的考察である。キルケゴールは、外的世界に対する認識に自己や真理に対する関わりが先行すると考えて、後者の関わりを鍛え上げていく方法をとった。確かにそれによって外的な出来事の「意味」はある仕方で見えてくるであろう。だが世界で人々が作りあげた様々な世界観はこの論理によって論じ尽くされるものではとうていない。キルケゴールの形而上学はキリスト教思想に沿ったものであった。だが言うまでもなく、世界には他にも様々な世界観がある。それらすべてを「美的」と分類するのはあまりにも独断的である。そこで彼は、彼自身の認識が歴史的、社会的文脈によって規定されているという自覚をもっと研ぎ澄ますこともできた。こうした歴史学的・社会学的考察の不十分さは、やはり欠点として、彼のプロジェクトの成功を阻害するように思われる。逆にそうした角度からの認識を洗練すればするほど、このプロジェクトはより高いレベルで成功するはずである。そうすることで、キリストの倣いの「挫折」という結果よりも望ましい結果を私たちが手にする確率はあがるだろうからである。そしてそれこそが私たちが目指すところではないだろうか。

私たちは単に自己と真理に注視し、自己形成するばかりではなく、同時に世界や社会が構成されてきた歴史を正確に理解しようと努める必要がある。単にそれらに関する自分の認識を洗練していくだけでなく、自らが関わる他者がどのように世界を認識しているのかについても配慮しなければならない。キルケゴールが考えていた以上に、世界についての理解を精緻化することは容易ではないし、また彼が考えていた以上にそれは重要なものである。それらに関する研究は、キルケゴールの後飛躍的な発展を遂げた。K・マルクス、M・ウェーバー、Th・アドルノ、M・フーコーといった名前がすぐに思い浮かぶ。彼らが積み重ねた歴史や社会、あるいはキリスト教や哲学の歴史についての理解は、理想を実現しようとする際に決して無用なものではなく、むしろ不可欠な知と言える。理想も現実と接合することができなければ、何ら意味を持ちえないからである。理想を正しく捉えることももちろん重要だが、しかし同時に現実をも正確に捉えなければ、それがほんとうに理想なのか見極めることはできないし、理想と現実をうまく接合することもできない。そうであれば、いくら懸命に理想の実現に努めても、思うような成果はあげられない。もし隣人や人々に幸福をもたらす必要がないというのであれば、私はそれに価値を見いだすことができない。そのときに思い描いているのは何ら真理ではなく、単に独断的なイデオロギーであろう。

友情論を付け加える

私がキルケゴール思想に付け加えたいと考えている第二のものは友情論である。キルケゴールの隣人愛の思想には確かに見るべきものがある。だがそこには友情論が欠けている、あるいは友情について軽視しているところがある。その点については修正すべきだと考える。というのも私たちは特定の他者と持続的に生きるということをするからである。そういう他者は「隣人」ではない。隣人は不特定の他者だから、友人をそこに含めるわけにはいかない。そしてまた友人は恋人でもない。やはり友人として論じるべきである。

本節の冒頭で、キルケゴールの議論がプライベートの恋愛に関する議論と、公的なキリスト者と隣人の関係に関する議論に大別できると述べたが、では友情についてキルケゴールはどう考えていたのか。ここで振り返ってみたい。

「キリストへの愛のうちで、あるいは世界への憎しみのうちで、彼は地位、収入、一族、友人、人間的な言葉、親への愛、祖国への愛、父祖の信仰を捨てました」[*35]。このようにキリスト教にはこの世への執着を断ち切ることを求める一面がある。内在に超越が優先するのだから、当然と言えば当然である。そこに優先の順がある以上、内在が神への関わりを妨げるということは原理上できない。

こうした立場からキルケゴールは、神との関わりではなく、人間との関わりである恋愛と友情に警戒せよと言う。これが彼の基本的な立場である。

恋愛と友情とは偏愛であり、偏愛の情熱である。キリスト教の愛は自己否定である。[*36]

人は隣人を、つまり不特定の他者を愛すべきであるのにもかかわらず、それにもまして特定の他者である恋人や友人を愛してしまいがちである。近しい人に優先的に便宜を図りがちである。自分の意識では相手を愛しているつもりでも、自分が好む人間を選び、愛するのだから、そこには自己愛が潜んでいることがうかがわれるとキルケゴールは言う。まず第一に自分が好むものを愛するのだから自己を喜ばせるための愛である。第二に、こちらが愛せば、愛し返されるであろうから、つまり返礼が見込まれるから自己愛である。関係が持続すればするほど返礼の相互性は増し、自己愛と判別するのが難しくなる。

人間的な承認というものは、恋愛や友情などと同じで、それは自己愛である。直接目で見て分かるようなところには、つまり世間的な力、名誉、名声でもって、金と財産でもって誰かが傑出した人間として知られるようなところには、人間的な承認もまた手元にある。それは実際——このことを単独者が必ずしもそう意識していないとしても、それはむしろ彼のうちにある利己心のなす自然の狡智である——全く単純な計算なのである。ここで承認することによって、私はその力あるものの側にあり、ともに力あるものに与することができるという利益を手にする。[*37]

人はどうしても力や富、名誉を好む傾向がある。そうしたものに価値を置き、そのうちに善を認める。たとえ本人にはそのつもりがなくても、人はそうしたものをもつ人に近づき、また自分もそれらを手にしようとしてしまう。恋愛や友情においても同様のことが起きているのではないかとキルケゴールは言う。確かに私たちはしばしば、この世が価値を置くものをもった他者を恋人や友人に選ぶ。彼（女）自身がそうだし、また彼（女）らがもっているものも共有できるだろうから。昨今は利益を融通しあう「オトモダチ」の政治が問題になっているが、あれなどはここで言われていることの典型であろう。

あるいは友情と恋愛は感性的なものに重きを置きがちだと批判される。「利己的なものは感性的なものなのである。だからこそキリスト教は恋愛と友情に対して疑念を抱くのである」[*38]。恋愛が感性的だというのはわかりやすい。顔や姿、声などの美しさにとらわれることがあるからである。端的に性は感性的に享楽される。友情についてはそのようなことはないかもしれないが、しかし、上の富や名誉が与える快や満足も感性的なものだから、同様に「美的なもの」に分類される。

とはいえ細かく見れば、キルケゴールは何が何でも恋愛や友情を拒否せよと言っているのではないことがわかる。右の引用でも「疑念を抱く」と言われているのであって、それらが完全に否定されているわけではない。それらが神なしになされることのないようにと釘を刺しているだけである。信仰の世界では、「すべて真の愛は第三のものにおいて互いに愛し合うところにある」[*39]。あくまで第三のもの、つまり「神を介して」という点が肝要である。キルケゴールによれば、神を介せずに直接に恋人や友人を愛するとき、人は真の愛から外れる。そこには真理が不在だからである。人間が基準になり、真理は二の次になるからである。真理からかけ離れたところで人が愛すると、愛はその歪みゆえに、その他の様々な非真理を生み出す。キルケゴールは人間と人間の関係についても「正しい関係の仕方」があると考えている。神が仲立ちとなるときにのみ、それは可能となる。

愛が完全に依存的であるとき、その対象に対する関係において、つまりその関係のなかで自分自身に対しても同じようにしっかり関わることをしないなら、例外なくその愛は間違った意味で依存的である。その場合、愛は己の法を自分自身以外にもっていて、したがって移ろいやすく、地上的で、時間的なものとして依存的なのである。[*40]

神やそれに関わる自己が不在のまま、恋人や友人が愛の対象となれば、自ずと相手に依存することになる。相手に勝るものは何もないのだから。相手が望むことが自分のことのみならずその他すべてに優越することになるだろうから。もし相手が望めば、他の何よりも優先してそれをかなえようとしてしまうだろう。真理が不在だということは、善悪の基準も不在だということである。

「恋人を信じて優しく愛しなさい。けれども隣人への愛によってあなたたちの神との結び付きの契約を神なるものにしなさい。友人を誠実に献身的に愛しなさい。だが友人とともに神に親しみつつ隣人愛をお互いから学びなさい」[*41]。あくまでキルケゴールは、神への愛が先行すること、それが基準として存在すること、二人の愛が神を仲立ちにしていることを条件とする。逆に言えば、この条件が満たされていれば、恋愛や友情を認めもするのである。「あなたが隣人を愛せるように、偏愛の差異を取り除きなさい。だからといってあなたは恋人を愛することを止めるべきではない。そういうことではまったくない」[*42]。

恋愛と友情に関する議論の大まかな図式は以上の通りである。しかしより細かく見ると、恋愛と友情についてのキルケゴールの扱いは同一ではないことが見えてくる。以下ではその違いについてさらに詳しく辿ってみよう。

友情に対する否定的な評価

間違いなく恋愛は時として人が正しい道を歩むのを助けてきた[*43]。

このようにキルケゴールは、愛とは何かと人が理解を深めていくのを恋愛が助け導くのだと言う。恋愛は愛について理解を深めるきっかけになるということである。キルケゴールはレギーネと恋愛することによって、レギーネについて考えるだけでなく、そもそも愛するというのはどういうことかと熟慮し、愛についての理解を深めることができたのであろう。

だが友情については同様のことは言われない。むしろその評価はまったく否定的である。

友情とは何であろうか？　空想であり、余計なものであり、むしろ災厄である！[*44]

先に友情について中立的に評価するキルケゴールを見たが、それのみならず、このように友情をネガティブに評価するキルケゴールもいる。恋愛に関する考察の質と量に比して、友情に関する考察は淡泊で乏しい。

キルケゴールは友情について深く考えずに終わってしまったと言わねばならない。だが私たちはこの点についてもう少し考えておく必要がある。特定の他者との付き合いなしに生活するというのは、実際、現代の状況においてはまず考えられないからである。確かにキルケゴールは友情の否定的形態については考察した。利己心や感性と結びついた恋愛があるように、友情にも、利己心と結びついた関係がありうる。だが他方、恋愛に真の愛の理解へと通じるものがあり、肯定的に評価しえたように、友情にも隣人愛へと通じる肯定的に評価しうる形態があるはずだからである。キルケゴールは友情の否定的な形態について考察するだけで終わってしまったが、私たちはその肯定的な形態についても考えてみなければならない。

恋愛が高次の愛の理解への道を拓きえたように、友情もまた同様の道を拓きうると考えることができる。恋人と語らい、相手のために何ができるだろうかと考えるように、私たちは友人とも語らい、彼（女）のために何ができるだろうかと考える。人間とは何か、他者とは何か、倫理とは何か、尊厳とは何か、幸せとは何か、そういった様々な問題について、友情は恋愛と同様、様々なことを私たちに教えてくれるはずである。

友人のことを深く知っていくなかで、私たちは彼（女）がどのような特徴をもった一人の個人であるのかということだけでなく、どのような特徴をもった社会的存在であるかということも知るようになる。いかなる意味で社会的存在であるのかということも知るようになる。同時に自身もまた社会的存在であることを、いかなる意味で社会的存在であるのかということも知るようになる。友人の特徴や自分の特徴を知り、かつ共有するところも知る。彼（女）には彼（女）自身が必要とするものがあり、また社会的存在として必要とするものもある。それらを切り分けながら、また関連させながら彼（女）のことをより深く知っていく。その過程で自分のこともより深く知るようになる。

彼（女）が必要とするものは何か、それをどう与えたらよいのか。関係は今日で終わるわけではない。うまくいけば何年も何十年も続く。そうした持続的な関係のなかで、自身が友人に与えうるもの、与えるべきものは何か。持っているものをすべて与えてしまえばいいというわけでは決してない。それは関係を閉じることを意味するかもしれないし、友人はそれを望まないだろうから。自身もまた彼（女）に対して、彼（女）がもっているものをすべて与えてくれることを望まないであろう。こうして友人に対する愛は単に所有物の贈与だけによって測られるものではないことが理解されるであろう。かといって何も与える必要がないというわけでもない。では何を与えたらいいのか。与えることができるものは何か。友情はそうした贈与の様々な側面を見せてくれる。

とりわけお金を目指して生きることを強いられる現代においては、友情は容易にオトモダチ関係へと転落する危機に瀕していると言えるかもしれない。お互いが自然的に欲望する富や権力であっても、それをたくさんもっている者同士はそれをたやすく融通しあうことができる。そうすることでお互いの富や権力をさらに増やすことができる。しかしだからこそ人はオトモダチではなく友人に大きな価値を認め、友人であろうとするのである。友人は、彼（女）が友人であるならば、オトモダチとしてではなくあくまで友人として見なされ、関わられることを望むであろう。友人でありたいと望む他者をオトモダチとして扱えば、友情はそこで終わり、友人は離れていくだろう。

こうして友情は人間の尊厳についても多くを教える。友情は、友人が何かのための手段として扱われるべきものではないことを知らせる。他の誰でもない単独者としての友人は、一個の人間がもつ尊厳を現前させる。彼（女）の尊厳は人間の尊厳をも開示するであろう。逆に友人をもたずオトモダチしかもたぬ者は、一人の人間の何たるか、尊厳の何たるか、贈与の何たるかを理解しない者である。私的な利益が過剰に追求されるにいたった現代においてこそ、友情は、人間の尊厳を知り人間を愛することを知るきっかけとして、この上なく重要なものである。

他方、友人は「折り合いの悪い他者」でもあるだろう。友人であるからといって、あらゆる事柄について理解を共有しているわけでは決してないはずである。むしろ深く知れば知るほど、自他の違いはますます明確に知られるようになる。だがそのゆえに人は、友情から折り合いの悪い他者との関わり方をも学ぶことができる。

「折り合いの悪い他者」との関わりについては、本章第二節および第三節でも触れたが、これは、「真理」がシェアされず、人々の価値観やライフスタイル、関心の対象が多様化した現代において特に重要なものである。折り合いの悪さを抱えながら、関係を持ち続け、そのなかで相手を理解し、自身の考えを深め、人生に反映させるにはどうしたらいいのか。私たちはこれについて友情から学ぶことができる。

それから、神のない人間にとっては、友人が神が果たす役割をある仕方で（つまり神とは違う仕方で、というのも人間は神ではないから）代わりに果たすことも期待される。それはとりわけ傷ついた魂に関してである。人間の魂はこの暴力の世にあって時に傷つく。高次の精神へと達した魂であっても同様である。神があれば、神の正義や愛がその傷を癒やし、また強さを増すことができるだろうが、神のない人間にとってはそうはいかない。自分はそれまで進んできた道をなお歩み続けていいのかと迷う。傷ついた魂は、再度善を目指して立ち上がることができるであろうか。より洗練された善へと自分を方向づければ方向づけるほど、経済活動の自由は減る。ただでさえ生きづらい現代において、さらに生きづらくなる。そのなかで人はどのようにして魂を善に向けて生き続けることができるのか。自分は無謀な夢をみているのではないか、間違っているのは自分の方なのではないかと考え、認めてしまいそうになる。そんなときに友人が示してくれる慰めや認め、肯定はどんなに大きな力となることか。人間である以上友人に正義そのものや真理そのものを期待することはできないかもしれないが、傷ついた者が落ち着きを取り戻し、様々な事柄の連関を捉え直し、自信を回復するきっかけとなることはできる。友人とのそれまでの持続的な関係にはそうしたことが可能である。

幸福について

第三に、人間の幸福についても再考してみたい。というのも、隣人を愛するのは彼を幸福にするためだろうからである。キルケゴールは人間の幸福をどのように考えていたのか。

他者が神を愛するように助けることが他者を愛するということである。神を愛するように他者によって助けられることが愛されるということである。*45

こういった記述にうかがえるように、キルケゴールの幸福観は神や真理を中心に構成されていたと言える。真理を見いだすこと、真理の方に自身を方向づけて生きること、神とともに生きることにこそ究極の幸福があると考えられた。幸福のないところには「真理」もないであろうから、真理が幸福を含むというのはわかる。しかしこのことは、真理のないところには幸福はないということは意味しないのではないか。幸福が真理と結びつくのは、真理を見いだした者には妥当するが、そうでない者には妥当しないだろうからである。そして私は、いまだ真理を見いだしていない者もまた幸福を感じるという事実を決して無視することはできないし、また無視すべきでもないと思うのである。というのも幸福は不幸とセットであり、他者の幸福に注視しないことは他者の不幸にも注視しないこと、他者を不幸のうちに放置することともなりうるからである。

ここで私たちは幸福を、理念の次元でのそれと、傾向性の次元でのそれとに分けて考えなければならない。前者は、キルケゴールが考えたような、真理と結びついた幸福、真理から意味を得るような幸福、理念に照らして理想的とされる幸福である。だが後者はそうではない。後者は実存する人間がこの世との接触のなかで心身によって感じる幸福である。キルケゴールは幸福について、理念の次元では考察を深めたが、この幸福観を重視するあまり、幸福を傾向性の次元では十分に考察しなかった、あるいは傾向性のうちで人間が感じる幸福を軽視したと言わなければならない。

どうして私たちが理念としての幸福のみならず、傾向性としての幸福についても考えなければならないのかと言えば、人間は単に理念存在であるのではなく、実存する時間的存在でもあるからである。幸福に関して重要なのは、人間がそれを精神によるのであれ心身によるのであれ、「感じる」ということである。たとえ理念としてあるのであっても、もし人間がそれを感じることがないとすれば、人間は幸福にこれほどまでに大きな価値を認めることはなかったであろう。

同時に私たちは、人間は理念に意識的に関わらずとも幸福を感じるということを認めなければならない。人間は意識的に理念に関わることで幸福を感じることもあるが、意識的に理念に関わらない場合でも幸福を感じるのである。真理主義的に、真理と結びついた幸福のみを「真の」幸福と呼ぶとしても、そうした幸福だけが幸福なのではない。人間は傾向性のうちでも幸福を感じるのであり、それを幸福と呼ばないことはできない。ましてやそれをそのまま悪とすることはできない。幸福が真理と交わることがあるとしても、幸福は真理によって規定されるだけのものではないのである。

実存段階論を用いて言えば、宗教的実存にあるのが「真の」幸福だとしても、幸福は宗教的実存に達する前の人間も感じるものである。人間現象としての幸福は、彼がどの実存段階を生きているかにかかわらず、あらゆる実存する人間が感じるものである。つまり美的人間も倫理的人間も彼自身の幸福をもつのである。自己を意識し、自己に関わり、自己を形成する前の子どもであっても幸福や不幸をもつのである。私たちはそのことを決して否定することはできないし、すべきでもない。

幸福に関しては、私たちは、人間が感じるあらゆる種類の幸福を幸福としてカウントしなければならない。そうしなければ、私たちは私たちの幸福を増していくことができない。あるいは逆に、真理主義的に幸福を捉えるために、自分が真理と認めないところにある他者の幸福を損なってしまうことにもなる。他者を不幸のうちに放置したり、不幸を被らせたりすることにもなりうる。「キリスト教界」ではなく、キリスト教を真理と認めない人間とも共生しなければならない現代においては、とりわけ真理主義的幸福理解だけでは足りず、傾向性が与える幸福をも捉える必要がある。

欲望の再解釈・再構成

人間が社会を作って生きている限り、他者はどこにでもいる。何を生業とするにしても、労働以外の場面であっても、何らかの仕方で他者と関わらなければ私たちは生きていけない。とすれば、私たちは他者との関わりから喜びを得るのでなければならない。生きている時間を幸福に過ごそうとするのであれば、私たちは他者を喜びの源泉とするのでなければならない。だが新自由主義が生活の様々な場面に侵入してくる現在、他者は競争相手となり、私を評価する存在となり、あるいは無理難題を要求してくる顧客となり、私たちにとってストレスの源泉となってしまっている。他者は私たちを脅かす存在になってしまったのである。このような状況で現代人がなかなか幸福に生きられないのはいわば当然のことである。

圧倒的な無力感のうちで感受性と思考を麻痺させて生存を続けるか。それとも新自由主義に順応して生きることにするか。なんとか作りあげた余裕のなかで精神生活を豊かにすべく努め、新自由主義的状況の改変可能性を探るか。その他の可能性もあるだろうが、いずれにしても基本となるのは、「個人的な欲望をもった私」という自己理解から脱却することであろう。諸個人が自らを自己の欲望を充足させるだけの主体として認識している限り、諸個人は大資本への従属から脱け出ることはできない。脱け出るどころか、積極的にそのメカニズムへと身を投じ、これを強化することになってしまう。

私たちが抱く欲望はほんとうに〈私〉自身の個人的なものなのか。〈私〉が欲望するのはどのようにしてか。〈私〉が〈欲望〉しているのだろうか。考察を深めれば、それが他者関係や社会関係のなかで構成されるものであることがわかる。人間は社会から様々なものを受け取る。世界を切り取って認識する言語からしてそうである。もちろん思考には自由があり、自分なりに考えることができる。だがそれにしろ相当程度考え抜かなければ、独自の仕方で考えることは難しい。私たちは多くの場合、認識や考え方をも周囲から調達しているのである。欲望もこれと結びついている。確かに〈私〉が欲望するものは、彼（女）が欲望するものとは異なるであろう。だがそれは社会や資本が提供する複数の欲望のうちの一つにすぎないかもしれない。欲望が他者関係や社会関係のなかで構成されていることを知っても、それによって欲望それ自体が消え去ることはもちろんないであろう。だが知る前と後とでは、「〈私〉の欲望」の捉え方は間違いなく変わる。それまではあった〈私〉のものという現前性が崩壊するのだから。

単独者をキーワードにするキルケゴール思想は、世俗化した近現代人によってしばしば「確固たる主体」の思想として理解されてきた。他者からの影響を受けず、自身だけで存在し、自律する近代的個人を基礎とする思想の典型として理解されてきた。もちろんそういう面がないではない。だがそうした理解はまったく正しいというわけでもない。少なくとも一面的な理解にすぎない。キルケゴール思想のクライマックスである神と人間との関係を完全に看過しているからである。キルケゴール的主体は神と関わる主体である。この主体は、他者から影響をうけない「確固たる主体」ではなく、むしろ神からの影響を不断に受ける主体である。すでに詳しく見てきたように、人間が主体的に神に関わる面もあるから、単に受動的に影響を被るばかりではなく、相互的に関係する主体であると言える。神との関わりのなかで、人間は不断に自己と関わり、これに働きかけ、改変していく。すなわち、キルケゴール的主体は〈私〉の個人的欲望を実体視して、その充足のために生きる主体ではまったくない。キルケゴール的主体はそうした私たちのような近現代的な主体ではない。それはむしろ自身の欲望を批判的に捉え直し、脱構築し、神とともに普遍性へと開き、他者へと向かって鋳直していくような主体である。

そして私は、このキルケゴール的な相互関係的で相互構築的な主体を参照することは、私たちが自己と欲望の理解を組み立て直そうとする際に大変大きな助けになるだろうと考えるのである。

同じ人間／違う人間

「同じ人間」と見なすか、「違う人間」と見なすか、この自他の区別に関してキルケゴールと私たち日本人とを比較してみよう。というのもこの自他の区別がキルケゴールと私たちとではまったく反転していることが明らかとなり、ここにまた、私たちがキルケゴールから学ぶべきものが明瞭に立ち現れているように思われるからである。

すでに見たように、キルケゴール思想においてこの弁証法は「単独者」の両義性をめぐって展開された。一方で、私たちはみな一人ひとり別々の「違う人間」である。単独者にはそうした個別性を含意する側面がある。私はあなたではないし、彼は彼女ではないし、人間は決して同じものではない。一人ひとりが各々の人生を生きている。私たちは誰か他者の人生を代わりに生きるわけにはいかない。死ぬときのみならず、生きるにあたっても私たちは一人ひとりである。そんな単独性の状況がある。特に自己形成する場面で、人間は「違う人間」というふうに認識される。

他方、各々の単独者は神の前に立つ存在としてはみな同じである。そこでは美しい、醜い、若い、年老いた、有能な、無能な、等々といったこの世的差異は無意味となる。私と隣人は神にとってみれば、そしてまた神を愛する者にとってみれば、同じ愛すべき人間である。神を倣う私たちは自分だけを愛するのでも、一部の人間だけを愛するのでもいけない。愛は関わりをもった者すべてに向けられる。特に困っている人を見かけたときに、「同じ人間」というふうに認識される。ここに自他の区別はない。

翻ってこの国では自他はどのように切り分けられ、また切り分けられないのか。

しばしば欧米の文化は個人主義的であり、日本の文化は集団主義的であると言われるが、これはある一面を切り取っただけの、かなり偏った理解でしかない。少なくとも私の知る限り、ヨーロッパ人は決してバラバラの個人ではなく、一般にその社会意識は日本人よりもはるかに高い。他方、この国でも自他の切り分けはなされるのであり、私たちが常に同じ人間というわけでは決してない。むしろ個人として責任や負担を負わされる場面は無数にある。家族であっても箸や茶碗は各々のものを使うことが多いだろうし、学校でも、常に集団行動が求められるわけではなく（その場合は「一丸となる」ことが求められるが）、それ以外の場面以外では生徒は一人ひとりに切り分けられる。経済的にも一人ひとりが労働主体であり消費主体である。政治的にも一人ひとりが責任主体である。自助が求められることも増えてきた。人々が他者に対し積極的に責任を負う場面が他国に比べて多いとは思えない。私たちは多くの場合において「違う人間」なのである。

あるいは家が切り分けの単位となることもある。周知のように、この国の教育への公的支出はOECD加盟国のなかで最低レベルである。上位を占める北欧諸国の半分程度しか支出していない。教育にかかる費用は各家庭が捻出せよ、そんな政治が続いている。こうした状況のなかでは、貧しい家庭に生まれた子どもは、裕福な家庭に生まれた子と同じ教育を受けることができない。当然格差は固定する、あるいは拡大する。そのための政策であると言っても過言ではあるまい。だがこうした政治がいつまでも是正されない。第一にはそうした決定をする政治家を責めるべきだろうが、根本にある問題は、国民の多くもまたこうした状況をそれほど問題視していないことである。教育の平等はあまりに理想的すぎるように思え、それを求めるなどということには現実感がないのであろう。ここでは家と家の間に自他の線が引かれる。「うち」と隣の家は違う家なのである。家が単位であるから、ここにあるのは個人主義ではない。かといって国民全員が一つになっているわけでもない。家はそれらを媒介する単位である。

他方、私たちは「同じ人間」ともなる。例えば人間が形成される学校では、生徒はみな同じ生徒と見なされ、またそう扱われる。[*46] 同じ制服を着て、同じ練習をして、同じ指導を受ける。同じように行動し、振る舞い、話すことが要求される。同じものに価値を置き、同じように考えることが期待される場合すらある。学校教育の開始である小学校の段階ですでにいじめが生じるが、このことはこれと決して無縁ではない。同調圧力の反動でいじめが生じるのである。人間の単独性について一顧だにしない学校が、人間の単独性について一顧だにしない生徒を作りあげてしまうのである。学校以外でも、しばしば同様の状況がある。マジョリティと異なる振る舞いや考えは、ただ違うという理由によって否定的に見られる。多くの人間が魚や動物の群れのように行動する場合、そこに自他の区別はない。単独性も精神もないからである。そのようにして私たちは「同じ人間」である。

自他をどこで切り分け、どこで同じ人間となるか、右で見てきたように、キルケゴールと日本とでは完全に真逆になっている。どうしてキルケゴールと日本とで自他の区別が反転するのかと言えば、キルケゴールが超越や垂直を考え、この国ではすべてがこの世のことだからである。超越の神を考えることによって、キルケゴールは垂直の関係を考え、諸個人を神の前に「同じ人間」と捉えることができた。この世の諸差異から重要性を取り去ることができた。人それぞれへと分解されることのない「人間」を捉えることができた。だが日本人は超越を考えることができないため、「人間」の概念をもつことができない。人々は本質を共有するとは考えられない。男性と女性は同じではないし、隣の家の人間と自分の家の人間は同じではない。有能な人間とそうでない人間も同じではない。そんなふうにこの世の諸差異によって人間を切り分ける。キルケゴールが人間を切り分けないところで、日本人は切り分けるのである。

他方また、キルケゴールが人間を切り分けるところで、日本人は人間を切り分けない。超越へと向かったキルケゴールは、諸個人を垂直の線で切り分けることができた。単独者というのはそれのことである。各人は各々がその人格をもつ別々の人間なのである。それに対し、超越なき日本には単独者の観念がない。人々は動物が群れをなすように寄り添い、肌を合わせ、気持ちを同調させる。同じクラスだとか同じ会社だとか同じ地方出身だとか同じ国民だとか、何らかの共通項によってまとまり、そのなかでみなが同じ存在となる。全体を前に、一人ひとりの尊厳は問題にならない。キルケゴールが人間を切り分けるところで、日本人は切り分けないのである。

では、どのように自他を区別することが私たちをより幸福にするだろうか。私たちが考えるべき問いはこれである。もし私たちが、キルケゴールがなしたような区別の方が望ましいと考えるならば、そのような自他の区別を採用すればいいし、もしそう考えないのであれば、別の区別の方が私たちを幸福にすると考えるのであれば、その区別を採用すればいいのである。ここで神への信仰は不可欠のものではない。問題となっているのは神ではなく、自他をどこで区別するかということだからである。どのような場面で自他を区別し、どのような場面で自他を区別しないことが私たちを幸福にするのか。私たちは私たちを幸福にすると思われる区分の仕方を見つけ、それを採用すればよい。キルケゴールの区別を模倣するのでもいいし、それ以外でもいい。それに関して考え、他者と考えを交換し、多角的に考察し、最善と思われる区別の仕方を見いだし、そのビジョンをシェアし、実現へと向かっていけばよいのだ。

単独者たちの民主主義

最後に、右のような企てを進めて行く際に、私たちが直面するだろう状況について、またその問題解決の糸口について、私の展望を示して結びとしたい。

右の問題に取り組もうとする際に、私たちが直面するのは、この国では個人性の領域と共同性の領域がまったく異質なものとして確定的に切り分けられてしまっている状況であろう。つまり私たちは、人々が集まる公的なものか、自分一人の私的なものか、二者択一的に空間を切り分けて理解しているように思われる。しかも変更不可能なものとして。しかも当然のこととして。人々が集まるところではみなが同一であることや同一であろうとするべきであることが前提となり、それ以外のところでは自他はバラバラに分散し、諸個人は他人に迷惑をかけない限り、無制約に自分の自由を謳歌できると考え、また謳歌しているようだ。昨今は、共同性＝同一性の場と個人性＝自由の場とが没関係的に区分され、人々はますます後者にのみ関心を向けるようになっているように思われる。一切の自由がない息苦しい共同性の場よりも自由な個人時間を好むのである。そうして自由時間を人々はますます自分の欲望を満足させるためだけに用い、それに比例するように共同時間においてはますます厳しい制約に順応していく。それぞれの時間における存在の有り様がますます大きく乖離しつつあるように思われる。それらはまったく切り離されたものとして表象されているのであろうが、そうすることによって、両者の間の関連が、つまり自由時間の〈私〉と共同時間の〈私〉の間にある関連が見えづらくなっている。

共同性と個人性が分離されると、政治と知、いずれにおいても「セーフティネット」が機能しなくなる。

前者はわかりやすい。諸個人が様々な競争にチャレンジする。当然、勝利する者、成功する者だけでなく、当然、敗北する者、失敗する者もでてくる。成功した者はそのまま成功を享受すればいいのだろうが、敗北した者は何も手にしない。時には再起不能なほどの損害を被りうる。そうした者でも命を落とさず生きていけるよう、そしてまた再チャレンジできるよう支えるセーフティネットが必要となるのだが、自助の政治は「経費削減」のために、あるいは「生産性向上」のために、むしろセーフティネットを取り外す方向へと向かっている。そうして現代では、人々は失敗を恐れるあまり、新しいことになかなかチャレンジできなくなった。とはいえ、新自由主義の社会では競争しないでは誰も生きていくことができない。むしろ数少ない「勝者」の傍らに、それとは比較しえないほどたくさんの「敗者」が存在する（実際は、彼らは大きな格差のなかで、競争のスタートラインにすら立てなかった者たちだが）。いくら人々がリスクを回避すべく行動したところで、セーフティネットを必要とする人間は増え続けることになる。

だが共同性と個人性の領域が分離し、前者においてもっぱら受動的に存在する人間は、政治的解決を何も期待することができない。セーフティネットを求めることの正当性すら認識していないからである。

後者の知のセーフティネットもある。それは、自分が間違った認識をして、それにもとづいて間違った主張をしたときに、他者に修正してもらうセーフティネットである。言うまでもなく私たちは可謬な存在である。自分にはこの上なく自明に思われることであっても、間違いだということがある。だがそれに気づいたところで萎縮する必要はない。そこで止まらなくていい。他者たちとともに真理を探究することができるからだ。対話することで他者に修正してもらえる場合に、私たちは安心して自説を提示することができる。この知のセーフティネットがあれば、私たちは安心して新しい仕方で考え、新しいビジョンを示すことができる。もしこのセーフティネットがなければ、人々は成功する可能性がないビジョンを思い描き、実際にそれに挑戦することになってしまうかもしれない。それはあまりにも大きなリスクであるから、誰も新しい仕方を模索しなくなってしまう。

誰も新しい考えやビジョンを創造しようとチャレンジしなくなってしまう。

現代日本ではこの知のセーフティネットも大きく損傷している。自他の区別が平板な形で固定化し、他者は単に「否定してはいけない」対象になってしまった。特に若い層は、相手の言うことをすべて肯定しようとする。おかしいなと思ってもおかしいとは言わないし、そもそも他者の意見をクリティークの対象と見なしていない。他者と議論は、生々しい利害が対立する場合を除けば、ほとんど生起することがないのである。現代では、他者が支えてくれるからこそ安心して自由に考え、自分の見解を社会に対して提示できるという、知のセーフティネットの状況をイメージすることすらできなくなっている。

複数の声が聞こえる場においてこそ、各論者は安心して自説を提示し、人々からのリアクションを得て、自説を多角的に顧みることができる。自説が誤りを含んでいることに気づいた場合には修正し、さらに新しい発見へと繋げていくことができる。単にバラバラな論者がいるのではないし、単に一つの真理がそこにあるわけでもない。学問もまた本質的にそうした営みである。学問は共同性と独自性の両方を含み、両者が有機的かつダイナミックに関係して成り立っているのである。

だがこうした知の共同性を理解しない日本は、学校において「正解」ばかりを一義的に示し、それ以外を間違いだと教えてしまう。共同性は、人々の自由な対話なしに、上からの単なる正解の押しつけによって構成されてしまう。そうした「教育」を受けることで、生徒は、対話をしながら新しい発見のためにチャレンジすることを身につけ損ねてしまう。画一的に押しつけられる正解に窒息しそうになるから、対極のバラバラの自由に逃走したくなるのは当然である。だがバラバラの自由に逃走したところで、国民国家のうちに生きざるをえない以上、「国民」でなくなることはできず、国民として国家の支配から逃れることはできない。個人性の領域に逃げ込もうとしても、それは実際不可能なのである。こうして人々の生は停滞する。

民主主義は、本来、人間の可謬性を想定した制度であり、知のセーフティネットを最大限に活用する制度である。だから民主主義はみんなが話し合うこと、話し合いのなかで最善を模索することを求めるのである。議論を経た後に決定がなされるからこそ、諸個人は安心して自分で考えたビジョンを提示することができる。私たちは民主主義を単に多数派を明確化する手続きへと劣化させることなく、共同性と個人性との間に化学反応を起こさせる場へと高めていかなければならない。私たちは共同性の場と自由の場を分離し、共同性の場を同一性の場とするのではなく、共同性の場をそこに各人の個人性をある仕方で持ち込める場へと組み替えていかなければならない。自他の違いを許容するとともに、相互の幸福という価値を共同で実現する場へと変えていかなければならない。自他の区分の仕方をずらし、双方の自己理解を相互に動的に構成する対話関係を実現することによってそれは果たされる。

人間になろうとすることが支える民主主義

二〇世紀半ばにデンマークで活躍したハル・コックは、『生活形式の民主主義』のなかで、民主主義にとってパイデイア、すなわち人間形成がいかに重要なものかを確認した上で、民主主義を私たちが生きるあらゆる人間関係（それは身近なところから始まり、徐々に広域に広がり、外国人との関わりまで含む）のうちに見いだし、「その本質は話し合いと相互の理解および尊重である」と述べた。[*47] 本書では、人間になるということについて一貫して考察してきたが、この人格の尊厳を解するところの人間になろうとする人間は、こうして他者関係を丁寧に編み上げる民主主義の主体ともなる。人々が自身を人格へと高め、他者のうちに人格を認め、育み、その尊厳に見合った関わりをするところにこそ民主主義は立ち上がるのだから。

私たちはいまだそうした民主主義を手にするところからは遙か遠いところにいる。もちろん、そもそもそうした民主主義は確定的に存在するものではないだろう。それは一度達成されればそれで完成というものでもなく、常に作りあげていかなければならないものであろう。とはいえ、私たちはそこからあまりにも遠いところにいる。言うまでもなくそれは、この民主主義を支えるのが、人間になろうとする人間だからであり、この国ではこの人間になるという課題が人々によって共有されていないからである。

古代や中世において、西洋の尊厳論は、理性的能力や信仰といった人間の卓越性とセットであった。だが人間の卓越性は徐々に、到達すべき目標であることから、万人が自然的に備えているはずの能力として理解されるようになっていった。さらにその先で現代は、そうした卓越性を備えてない人間が存在することを見いだした。そしてそれを転機に、人間らしさや人間になろうとすることの追求をやめてしまったようである。しかしこれでいいのだろうか。そうすることによって私たちは一切の卓越性を共同で作りあげるのをやめることになるが、それでいいのだろうか。

私にはそうは思われない。人間はやはり人間になろうとするのでなければならない。なり損ねる場合が無数にあるにしてもである。実際、なり損ねる場合は無数にあるだろう（だからそれは裁きの対象にはならない）。しかしそれは私たちが人間になろうとすることをやめるべき理由にはならない。人間が自由であるというのはこのことを意味するのではないか。人間になろうとし損ねる人間もいるなかで、人間は人間になろうとすることができる。人格を形成し、その尊厳を認める存在になることができる。そういった人間は過去に存在したし、今も存在するのである。私たちは自由によって人格の尊厳を認めることができる人間になろうとしなければならない。あらゆる価値は自然的に現前しないのだから、人格の尊厳もまた、私たちがそれを認めるようにならない限り、存在しないのである。もちろん、尊厳に見合った他者関係とはどのようなものか、状況によって様々であろうし、可能なことも人によって異なるであろう。しかしだからといって人間になろうとすることをやめるべきではない。むしろそうした諸々の探求は、人間になろうとする人間がいる限りで可能なのである。現状は理想にはほど遠い。私たちはこれから多くを成し遂げていかなければならない。人間になろうとすることがそれを支える。

後書き

新自由主義の経済により、格差は拡大の一途を辿っている。富の集積点にいるほんの一部の富裕層以外は、みな徐々に貧しくなっていく。大多数の人間の購買力が落ちるから、富裕層を相手に仕事をする者以外はみな貧しくなっていく。「合理化」が推し進められるなかで、多くの人々がお金、時間、心、すべての余裕を失った。少子化の進行も止まらない。現在、この国は世代継承すらままならない状況にあるのである。長い間人々がそれを中心に生活を組み立ててきた経済単位である「家」も、従来もっていた安定性を失った。

こうした新自由主義経済のグローバル化により、格差の拡大は、国内のみならず世界中で進行している。各国の国力は、これまでとは比較にならないペースで開いている。国内で諸個人が無力へと落ちていくように、経済競争に敗れた国もまた主権を失い、ますます強国のコントロールを受けざるをえなくなっていく。経済で勝利した強国は強力なＡＩ兵器をも使うようになる。これは「人を殺す苦痛」から兵士を解放する。従来のようないわゆる「戦争」をせずとも、強国は弱国から収奪するシステムを作りあげることができる。富を増やすことしか考えない人間たちが作り出す世界が必ず灰色の世界になるのは自明である。

政治はそうした経済の暴走をどのようにして止めることができるのか。そもそも新自由主義の政治といったものは考えられないものである。新自由主義は、市場で誰かが勝ち、誰かが負けるに任せる経済である。それ以上のことは何も考えない。当然、弱者や敗者の生存のことは一顧だにしない。それに対し、政治は、人々が社会単位で生存するために人々が必要とするものである。目的がまったく異なるのである。しかし現在、そうした考えられないことが現実のものとなっている。多くの人々が「主体性なき主体」として資本が命じるがままに経済活動に勤しんでいる。自らの死に向かって。

それが現在の状況である。つまり、私たちはもはや現実に適応してはいけないのである。現実から身を離し、現実の流れを修正しなければ、私たちは生存し続けることができない。

理想と現実。これで言えば、キルケゴールは明確に理想の思想家である。現実に合わせず、理想を基準にして生きることを説いた。理想を追うことを笑う「リアリスト」が最も嫌うタイプの思想家である。しかし右にも述べたように、現在は、現実に定位して生きることができない状況である。現在は、リアリストは何の役にも立たない。むしろ状況の悪化をもたらすだけである。新自由主義と政治が結びつき、多くの人間が主体性なき主体として、このシステムをさらに強固なものに作りあげようとしている現在、私たちは現実に適応することを止め、それに抗し、その進み行きを修正するのでなければならない。現実から身を離し、その進み行きを修正しようとすることは、従来言われたような「理想」のためではなく、第一に危機管理のために不可欠なことなのである。

私たちはもはやシステムが生み出す「正解」やマニュアルにしたがって生きていくことはできない。それがなくては不安を感じ、安心するためにそれを示してほしいと望む、そういった在り方を私たちはやめなければならない。生きることの主導権を自分の手に取り戻さなければならない。

いかに生きるのか、どういった人間を目指せばいいのか、「答え」はいまだ出ていない。答えは手を伸ばせばすぐ届くところにある、見えていないだけだ、そんな瞬間的解決を夢想するのは悪しき習慣である。自ら考え、実践のなかで他者とともに粘り強く探求すること。私たちがそうした主体性ある主体になれたときに初めて、私たちが生存し続けられる可能性は減少から増加へと転じるのであろう。

何もかもが一瞬で「処理」されるのは、新自由主義の流儀である。この国はこのシステムを二〇年以上も採用してきたから、私たちはこの流儀を当然のことと思うまでになってしまった。しかしこの流儀は私たちを生かしてはおかない。私たちはこの流儀を疑い、作り替えていかなければならない。大事なことはゆっくり進む。一時に解決される問題はすべて本質的問題ではない。そうした解決によって私たちの生存可能性や幸福が増すことは絶対にない。私たちは大事なことをゆっくり粘り強く進める精神を手に入れなければならない。

＊　＊　＊　＊　＊

キリスト教を信仰しない人間にとっても意味があるキルケゴールを書き取るという本書が設定し

た目的により、「逆説」のキルケゴールについてはあまり取り上げることがなかった。本書で私はいわゆるキルケゴールの「使えるところ」を書いたわけだが、「使う」ということになると、当然キルケゴールは材料ということになる。その材料をどう使うかは使う者が決めることであり、本書ではそれは私だった。そのように使われるなどということは材料（キルケゴール）は考えもしなかったであろう。それを知ったところでキルケゴールが喜ぶのか、怒るのか、知るよしもないが、しかし私はキルケゴールに気に入られるために本書を書いたのではない。実存する者として、私も読者のみなさんも、自分の問題を直視し、引き受け、対処していかなければならない。自分の頭で考えていかなければならない。いつまでもキルケゴール的問題について、キルケゴールの名の下に考え、語り続けるわけにはいかない。昨今の生存すら脅かされる状況においては、これから目をそらしてキルケゴールの世界に没頭することの方が無責任であろう。そこから学びつつも、同時に自らの状況のなかで自ら考え、語り、生きていかなければならない。希望すら消え入りそうなこの厳しい状況のなか、本書が読者のみなさんの自己理解に資するところが少しでもあれば、それがひいてはこの国の政治状況の改善に繋がることになれば、望外の喜びである。

私はみなさんにとって「折り合いの悪い他者」であったかもしれない。最後までお読みいただいたことに、心から感謝します。ありがとうございました。

キルケゴール研究会のメンバーには日頃から一緒に勉強していただき、何から何までお世話になっている。本書を仕上げるにあたっても、小野雄介さん、荻野倫夫さん、木瀬康太さんには非常に有益なコメントいただだいた。ここでお礼を申し上げたい。

また、馬場智理さんと吉田敬介さんには格別の感謝を表さなければならない。私は彼らと長年にわたり、キルケゴールと啓蒙の関係に関する共同研究を進めてきた。そこで学んだことが、本書を執筆するきっかけとなった。彼らとの議論がなければ、本書は決して実現しえなかった。心から感謝申し上げたい。

それから本書を学生にも読みやすい文体にするために、法政大学文学部四年生の佐久間喜望さんにお手伝いいただいた。教育実習が間近に迫る忙しい時期であったのにもかかわらず、時間を割いて細かくチェックしていただき、申し訳なかったが、おかげ様でだいぶ読みやすいものにすることができた。ありがとうございました。

以文社の大野さんには、長い間友人としてお付き合いいただいている。もともとは政治に暗かった私の目も、彼によって大きく見開かされた。出版業界には大変厳しい折にもかかわらず、すでにブームが過ぎ去って何十年も経つ骨董品のような思想家の本を世に出していただき、感謝の言葉もない。

注釈

前書き

＊1 なお人々に聞いてみると、この国では人々が人間をみて「人間的だ」と感じるのは、人間に欠点があったり、失敗するのを見たときが多いようだ。ここにも人間性をポジティブに捉えることができていない状況がうかがえる。

第一章

＊1 Kierkegaard, *Letters and documents*, trans. by H.V.Hong and E.H.Hong, (Princeton: Princeton UP, 1979), p.211.

＊2 14, 526.

＊3 NB10: 191.

＊4 NB 4: 50.

＊5 Steen Johansen, *Erindringer om Søren Kierkegaard*, (København: C. A. Reitzel, 1980), S. 151-7.

＊6 7, 73.

＊7 JJ: 246.

＊8 7, 26.

＊9 VII, 99.

＊10 7, 42.

＊11 5, 247.

＊12 2, 313.

＊13 キルケゴールの著作は、実名著作と仮名著作とから成る。前者にはキリスト教の講話を模して書かれたものが多く、後者には哲学的な表現で書かれたものが多い。従来日本でよく読まれてきたのは、『不安の概念』、『死に至る病』などの仮名著作であった。著作活動については第二章第四節で詳しく論じる。

＊14 3, 481.

＊15 I, 12.

＊16 11, 172.

＊17 11, 171.

＊18 11, 176.

＊19 6, 511.

＊20 6, 283.

＊21 6, 510.

＊22 3, 519.

＊23 T・トドロフ『啓蒙の精神：明日への遺産』石川光一訳、法政大学出版、二〇〇八年、七〇頁。啓蒙は実際は様々な側面をもつため、一言で要約することは難しい。そうした啓蒙の多面性について、森村敏己『なぜ「啓蒙」を問い続けるのか』（清水書院、二〇二〇年）がコンパクトにまとめている。

＊24 「データえっせい」、二〇一三年一二月八日。http://tmaita77.blogspot.com/2013/12/blog-post_8.html。こうした中、二〇一四年にやっと文科省が「主体的で対話的な深い学び」を目標に加えるようになった。これは従来の教育観を根本から修正するものである。この方向

での着実な進展を期待したい。

＊25 10, 25.
＊26 7, 190.
＊27 3, 501.
＊28 12, 219.
＊29 III, 16.
＊30 NB 33: 7.
＊31 15, 55.
＊32 6, 372.
＊33 14, 285.
＊34 6, 472.
＊35 11, 307.
＊36 14, 387.
＊37 10, 506.
＊38 NB4: 113.
＊39 10, 460.
＊40 Papir 340:12.
＊41 12, 128.
＊42 10, 230.
＊43 拙論「キルケゴールにおける想像力と信仰」、『宗教研究』九五（一）、二〇二一年。
＊44 NB 8: 70.

第二章

＊1 NB 16: 68.
＊2 7, 271.
＊3 2, 327.
＊4 『イロニーの概念』、キルケゴール著作集、第二一巻、白水社、一九九五年、一七二頁。
＊5 同上、第二〇巻、一二頁。
＊6 同上、第二一巻、一一七頁。
＊7 キルケゴールがイロニーを破棄されるものとしてではなく、統制されるものとして理解したということは少なからず重要である。というのも、これはイロニーが統制されながらも、その後も作動し続けることを意味するからである。
＊8 同上、第二一巻、二九〇頁。
＊9 2, 266.
＊10 2, 319.
＊11 2, 371.
＊12 2, 265.
＊13 ヴィルヘルム判事はキルケゴールが『あれかこれか』に登場させる人物である。『あれかこれか』は二部構成である。第一部は、「誘惑者の日記」など、美的人間であるAが書いた手記から成り、第二部は判事がAに書いた手紙から成る。美的人生観と倫理的人生観を読むことで、読者は自らの人生観について顧みることになるだろうとキルケゴールは考えた。
＊14 IX, 272.
＊15 G・W・F・ヘーゲル『精神現象学』、金子武蔵訳、ヘーゲル全集第四巻、岩波書店、一九四九年、一〇頁。
＊16 13, 85.
＊17 NB 15: 96.
＊18 NB 32: 97.
＊19 I, 16.
＊20 I, 20.
＊21 KK: 2.
＊22 NB 30: 57.
＊23 KK: 11.
＊24 11, 189.
＊25 NB 34: 34.
＊26 ヨハネ 4: 19.
＊27 11, 283.
＊28 7, 48.

＊29 NB 17: 12.
＊30 11, 351.
＊31 6, 325.
＊32 11, 358.
＊33 II, 279.
＊34 II, 291.
＊35 II, 267.
＊36 I, 46.
＊37 I, 45.
＊38 I, 7.
＊39 12, 256.
＊40 I, 58.
＊41 II, 61.
＊42 II, 67.
＊43 II, 68.
＊44 II. 35.
＊45 III, 34.
＊46 JJ: 464.
＊47 7, 311.
＊48 6, 590.
＊49 VI, 590.
＊50 JJ: 167.
＊51 7, 403.
＊52 NB4: 159.
＊53 3, 271.
＊54 KK: 11-7.
＊55 11, 317.
＊56 Papir 583.
＊57 12, 263.
＊58 15, 172.
＊59 NB 26: 33.
＊60 14, 47.
＊61 14, 51.
＊62 NB 9: 18.
＊63 NB 11: 223.
＊64 14, 355.
＊65 なお、本書ではそうした仮名性については多くの場合捨象しながら、キルケゴールの思想についてまとめている。議論が煩雑になるし、現代日本は「キリスト教界」ではないのがその理由である。
＊66 NB 4: 58.
＊67 Papir 371: 2.
＊68 Papir 371: 2.
＊69 14, 284.
＊70 Papir 224.
＊71 VIII, 278.
＊72 L・フォイエルバッハ『宗教の本質（下）』、船山信一訳、フォイエルバッハ全集第一二巻、福村出版、一九七三年、一五〇頁。EE: 151.
＊73 11, 279.

第三章

＊1 5, 486.
＊2 NB 5: 65.
＊3 JJ: 416.
＊4 敬虔主義は、神学上の問題とは別に、一七世紀頃から、平信徒たちが神とともに生きることの実感を得ようとしてドイツに興った運動である。cf. 拙論「キルケゴール、敬虔主義、リベラリズム」、『理想』、七〇二号、二〇一九年、二五－三六頁。
＊5 JJ: 226.
＊6 14, 403.
＊7 14, 408.
＊8 Not 6: 24.
＊9 NB 5: 68.

＊10 12, 101.
＊11 NB 10: 153.
＊12 NB 107.
＊13 NB 28: 54.
＊14 2, 373.
＊15 2, 374.
＊16 II, 95.
＊17 コヘレト 12: 1
＊18 II, 97.
＊19 II, 106.
＊20 II, 110.
＊21 EE: 7.
＊22 Not 15: 4.
＊23 Ibid.
＊24 Not 8: 4.
＊25 Not 15: 4.
＊26 NB: 210.
＊27 Not 15: 4.
＊28 *Søren Kierkegaards Papier*, udg. af P. A. Heiberg, V. Kuhr og E. Torsting, 2. udg. af Niels Thulstrup, (København: Gyldendal, 1968-78), IV A 215.
＊29 Not 15: 4.
＊30 NB 4: 159.
＊31 Brev 159. 2.
＊32 NB 5: 104.
＊33 NB 10: 191.
＊34 NB 27: 21.
＊35 Steen Johansen, *Erindringer om Søren Kierkegaard*, (København: C. A. Reitzel, 1980), S. 151-7.
＊36 Not 15: 4.
＊37 Papir 59.
＊38 I, 217.
＊39 NB 20: 99.
＊40 Not 8: 5.
＊41 なお、レギーネのオールセン家もまた、キルケゴール家と同様、敬虔主義のコミュニティに帰属していた。cf. Christopher B. Barnett, *Kierkegaard, Pietism, and Holiness*, (New York: Routledge, 2011), Ch. 2.
＊42 JJ: 145.
＊43 JJ: 107.
＊44 NB 5: 126.
＊45 14, 403.
＊46 NB 4: 152.
＊47 Not 8: 15.
＊48 JJ: 115.
＊49 NB 12: 105.
＊50 8, 390.
＊51 NB 22: 117.
＊52 NB 4: 113.
＊53 12, 316.
＊54 14, 434.
＊55 14, 445.
＊56 Ibid.
＊57 NB 10: 68.
＊58 6, 535.
＊59 8, 363.
＊60 10, 542.
＊61 9, 145.
＊62 JJ: 453.
＊63 JJ: 420.
＊64 NB 6: 13.
＊65 11, 191.
＊66 Papir 592.
＊67 10, 336.
＊68 I, 74.

*69 I, 87.
*70 I, 237.
*71 ヤコブ 1: 17.
*72 I, 240.
*73 11, 48.
*74 I, 241.
*75 11, 53.
*76 II, 221.
*77 I, 258.
*78 VII, 108.
*79 VII, 100.
*80 VII, 102.
*81 11, 82.
*82 11, 263.
*83 11, 270.
*84 NB 13: 18.
*85 11, 275.
*86 11, 277.
*87 小倉貞秀『ペルソナ概念の歴史的形成』、以文社、二〇一〇年、六三頁。
*88 トマス・アクィナス『命題論集註解』、第三巻、d. 35, a. 4, Response to Quaestiuncula 1.
*89 10, 403.
*90 NB 15: 60.
*91 3, 117.
*92 マイケル・ブース『限りなく完璧に近い人々：なぜ北欧の暮らしは世界一幸せなのか』、黒田眞知訳、角川書店、二〇一六年、一二九頁。
*93 とはいえ、人口一〇〇〇万人あたりのノーベル賞受賞者数で言えば、二〇一二年で日本は三一位であり、必ずしも科学の先進国とは言えない。

第四章

*1 Takaya Suto, "On Kierkegaard's reaction to H. N. Clausen," in: *Kierkegaard Studies Yearbook*, ed. by Heiko Schulz, Jon Stewart, and Karl Verstrynge, (Berlin and Boston: Walter De Gruyter, 2017), pp. 267-289.
*2 パスカルの有名な言葉に「人間は、自然のうちで最も弱い一本の葦にすぎない。しかしそれは考える葦である」がある。これもまた人間の両義性を言うものであろう。「考える葦」として肯定的に見るのは啓蒙的パスカル、「自然のうちで最も弱い一本の葦」と見るのはキルケゴール的パスカルと言えるかもしれない。
*3 II, 191.
*4 7, 221.
*5 6, 25.
*6 10, 126.
*7 7, 259.
*8 III, 288.
*9 12, 162.
*10 III, 310.
*11 11, 347.
*12 I, 209.
*13 II, 191.
*14 I, 74.
*15 3, 632.
*16 10, 347.
*17 10, 361.
*18 相対主義と自然主義の併存については、ブリュノ・ラトゥールの『諸世界の戦争』（以文社、二〇二〇年）から大きな示唆を得た。ラトゥールは本書で「多文化主義は単一自然主義とでも呼ばれる

べきものの裏返しに他ならない」と述べている（二五頁）。

＊19 13, 315.

＊20 15, 100.

＊21 15, 282.

＊22 IV, 296.

＊23 岩田靖夫はアリストテレス思想に関し、「倫理学は、個人の善を規定するというまさにこのことによって、政治学に基本原理を与える根本的政治学なのである」と解説している（『アリストテレスの倫理思想』、岩波書店、一九八五年、一九頁）。

＊24 VIII, 298.

＊25 実際、そうした失敗が続いた。その後、その失敗から学ぶことでデンマーク人は民主主義にふさわしい国民になっていった（ハル・コック『生活形式の民主主義』、花伝社、二〇〇四年、四八頁）。

＊26 拙論「キルケゴール、敬虔主義、リベラリズム」、『理想』、七〇二号、二〇一九年、三〇頁。

＊27 二〇二〇年、腐敗認識指数、一位はデンマークとニュージーランド https://forbesjapan.com/articles/detail/39665

＊28 「我日本古より今に至る迄哲学無し」と言ったのは中江兆民であった。『一年有半』、光文社、二〇一六年。

＊29 I, 106.

＊30 I, 109. ヨハネ 8: 11.

＊31 I, 101.

＊32 10, 562.

＊33 14, 572.

＊34 14, 577.

＊35 11, 273.

＊36 10, 82.

＊37 14, 246.

＊38 10, 83.

＊39 BB: 45.

＊40 10, 62.

＊41 10, 96.

＊42 10, 94.

＊43 III, 55.

＊44 II, 30.

＊45 10, 157.

＊46 歴史を遡れば、日本が明治期に近代化を試みた最大の理由は軍事国家を作るためであったし、学校はそこで、様々な言語や慣習を生きる多様な国民を、上官の命令に従う軍人として一様に「規格化」するために作られた。cf. 新谷恭明『学校は軍隊に似ている』、海鳥社、二〇〇六年。

＊47 ハル・コック『生活形式の民主主義』、花伝社、二〇〇四年、二〇頁。

著　者
須藤 孝也（すとう たかや）
1974年、青森県生まれ。1997年、一橋大学社会学部卒業。2000-02年、日本学術振興会特別研究員（DC2）。2010年、一橋大学大学院社会学研究科博士課程修了。博士論文「キルケゴールと『キリスト教界』」により学位取得。この間、セント・オラフ大学キルケゴール・ライブラリー（アメリカ）、コペンハーゲン大学サブジェクティヴィティ研究センター（デンマーク）、ロンドン大学ヒースロップ・カレッジ（イギリス）にて客員研究員を歴任。2014-17年、日本学術振興会特別研究員（PD）。2015-16年、コペンハーゲン大学キルケゴール研究センターにて客員研究員。現在、一橋大学、立教大学、法政大学などで非常勤講師を務める。著書に『キルケゴールと「キリスト教界」』（創文社、2014年）、訳書にマーク・C・テイラー『神の後に』上・下（ぷねうま舎、2015年）、論文に“Kierkegaard's Reaction to H. N. Clausen”（*Kierkegaard Studies Yearbook*, De Gruyter, 2017）、「キルケゴールにおける想像力と信仰」（『宗教研究』、95(1)、2021年）等がある。

装画：奈良美智《After the Acid Rain》
装幀：近藤みどり

人間になるということ
――キルケゴールから現代へ

2021年 8月20日　初版第1刷発行
2021年10月30日　初版第2刷発行

著　者　須藤孝也

発行者　大　野　真

発行所　以　文　社

〒101-0051 東京都千代田区神田神保町2-12
TEL 03-6272-6536　　FAX 03-6272-6538
http://www.ibunsha.co.jp/

印刷・製本：中央精版印刷

ISBN978-4-7531-0363-8